JN067903

達人になろう！ お金をかしこく使うワザ

お金のつくり方、貯め方、使い方、寄付のしかたについて

エリック・ブラウン ＆ サンディ・ドノバン

訳　上田勢子

絵　まえだたつひこ

子どもの未来社

もくじ

ぼくは、チャリブー。
お金のことなら
まかせてね。
さあ、いっしょに
お金の達人への道を
あるきだそう！

はじめに
お金の達人になろう

　きみは、お金にきょうみがあるかな？　もちろんあるよ、って？　それじゃ、びっくりするようなお金の使い方をする人がいるのを知っている？　たとえば、ペットの犬のために、150万円もするドレスを買う人。それから、とくべつなキノコ、トリュフっていうんだけど、それに1000万円はらう人。どんなにとくべつだって、キノコはキノコ、マッシュルームと同じ仲間（なかま）なのに。まあ、このトリュフは、すごく訓練（くんれん）された犬にしか見つけることのできない、とてもめずらしいものなんだけどね。それでも、キノコにそんな価値（かち）があるのかな？

　きみは、超高価（ちょうこうか）なキノコやペットのドレスは買わないかもしれないけど、こんなことはない？　たとえば、同じようなゲームなのに新しく出ると買ってしまったり、わざわざ高いブランドのスポーツシューズを買った

り、映画館で特大サイズのポップコーンを買って食べきれなくて残したり
……。（だって「特大がお買いどく！」って書いてあったんだもん！）
　あまり考えないでお金を使っている人はけっこう多いんだ。

お金、お金、お金…

国によって使われている通貨の種類はいろいろだよ。アメリカ合衆国と
カナダでは「ドル」、韓国では「ウォン」、インドは「ルピー」などな
ど。日本では「円」を使っているよね。それぞれこんな記号で表すよ。

ユーロ　　　　　　イギリスのポンド　　　　韓国のウォン

アメリカのドル　　ナイジェリアのナイラ　　日本の円

インドのルピー

通貨：その国で使われて
いるお金の種類のこと

「ぼくは、そんなばかげたお金の使い方なんかしないよ。自分の定期預金口座に貯金をしているし、おこづかいもよく考えて使っているよ」って、いうきみ。それはとてもいいことだ。でも、「今はあんまりお金を持っていないし、お金をどう使うかなんて考えられないよ」とか、「お金のことなんか考えたことないよ！」という人もいるはずだ。そんなきみにも、お金は、人生にずっとついてまわるし、お金の使い方は人生にとってとても大事なことなんだ。だから、この機会にお金について知っておくのはいいことだよ。

きみは子どもだから、お金をもらう仕事をしたり、自分のクレジットカードを使ったり、株に投資したりはできないよね。でも、将来できるようになるのを楽しみに、今からその使い方を身につけておくことはできる。

この本で、お金のことを知って、かしこい使い方を身につけてみないかい？　つまり、お金の「達人」になるってことさ。達人になるには、お金をためる目標を決めて、そのお金をどうやってつくればいいかを考え、予算を立てることだ。

「予算？　なんだかむずかしそうだし、おもしろくなさそう」だって？
心配ご無用。お金について考えるのは、楽しいことなんだよ。

👁　お金について知ると、自分が大切にしていることや将来について、前向きな気持ちになる。自信や知恵がついて、誇りをもてるようになるんだ。

この本の使い方

この本には、お金のつくり方、貯め方、投資の仕方など、いろいろな情報がのっている。はじめから順番に読むのがベストなんだけど、もし、今すぐに知りたいことがあれば、「目次」や「さくいん」からさがして、そこから読みはじめてもいいよ。たとえば、お金のつくり方を知りたけれ

ば、**3**の30ページへ。自分のお金をむだづかいしない方法なら、**4**の58ページへ、というように。習ったことを練習するためのワークシートもあるから、使ってみてね。目標を立てたり、予算を立てたり、お金を管理するための書きこみ式のリストもあるよ。

　そのほかに、お金について知るために、いろいろな話をのせてあるよ。「ホントにあった話」では、きみと同じくらいの年齢の子が実際にやりとげたおどろく話をのせてある。「達人への道」は、子どもが財政上のことを考えて、それを実際に学んでいくストーリーだから、きみの参考になると思う。「きみならどうする？」は、きみ自身が、2つのお金の使い方から、1つをえらぶようになっている。えらんだ結果がどんなことになるかも解説するよ。よく考えてえらんでね。（いや、真剣になりすぎずに、自分のえらんだ結果がどんなことになるか、楽しみながら読んでくれればいいよ！）

　おぼえてほしい重要な言葉は、「キーワードボックス」（🔑のマークを見て！）で説明するよ。注目してほしいところには「👁」のマークが入っている。

財政：
1、個人・家庭・団体などのお金に関すること
2、国または地方公共団体が必要なお金を得て、管理したり処分したりするいっさいのお金に関すること。

　「お金の勉強なんてたいくつなんじゃない？」と思っているきみ、この本なら、きっと楽しく学べるよ。この本を読んでお金の達人になって、きみの将来がかがやくことをねがっているよ。

レッツ ゴー！

サンドイッチの逆襲

お金っていったいなんだろう？

　きみの家に友だちが集まって、人気映画「サンドイッチの逆襲」をダウンロードして観ることになった。まずネットで映画を見つけて、おかあさん*に許しをもらって、ワンクリックでダウンロード、代金300円をはらった。（来月のおこづかいをもらったら、おかあさんに返すつもり）　ポップコーンとソーダは準備完了。あとは、友だち、ソファ、映画、この3つがそろえば、楽しい午後のはじまりだ！

*この本に「おかあさん」とか「親」という言葉が出てきたときは、きみの世話をしてくれる人のことだと思ってね。それは、おとうさん、おじいさんやおばあさん、おじさんやおばさんかもしれないね。

ここでちょっと、映画のダウンロード代300円について考えてみよう。きみは、どうして300円はらわなくてはならないんだろう？　このお金はどこへ行くのかな？　「そんなこと気にすることないよ」って？　ちょっとまって！　きみが読んでいるのはお金の本なのだから、「気にしなくてもいい」という答えは、なしだよ。

　まず映画について。「サンドイッチの逆襲」は、自然にできあがったわけではないよね。脚本を書いた人、演出した人がいたはず。映画作りには、俳優、カメラマン、衣装係、衣装デザイナー、セットデザイナー、ステージクルー、メーキャップアーティスト、監督、宣伝をする人など、たくさんの人がかかわっている。それに衣装やセットの材料は買わなければならないよね。

　ほら、なんとなくわかってきた？　きみがはらった300円は、映画をつくるのにかかったお金や、かかわった人たちが生活をするためのほんの一部になるんだ。

お金とは、交換に使うもの

　もし、お金がなかったらどうしたらいい？　ほしいものがあったら、自分の持っている物と交換して、手に入れるという方法があるね。物と物の交換だから「物々交換」ってよぶよ。じゃあ、なにも持っていなかったらどうする？コンピュータの修理の天才が、なにかを食べたいと思ったら？　そう！　コンピュータがこわれてこまっている養鶏所をさがして、修理をうけおって、かわりにタマゴを

物々交換：物と物、物と労力や知識などの技術との交換。お金を使わないでする交換のこと。

もらえばいいんだ。なーんだ、かんたんだね！　これも物々交換に入るよ。じゃあ、タマゴだけじゃなくって、オレンジジュースやパンがほしか

ったら？　オレンジジュースの工場やパン屋で、こわれたコンピュータがないかさがしまわるってこと？　うーん、物々交換には時間もかかるし、手間もたいへんだね。

　たとえば、きみがケーキを食べたいなら、ケーキのある家に行き、「おてつだいするから、ケーキをごちそうして」と声をかける。でも、「おてつだいなんてしなくていいよ」って言われたら？

　そんなとき、お金があれば問題は解決できるね。今では世界中の人が、お金を使って物を買ったり売ったりしている。そう、お金は交換の方法なんだね。お金があれば、おてつだいをしてほしい家をさがさなくても、お店でケーキを買うことができるんだ。

お金とは、価値をためておけるもの

　お金は交換する以外に、価値をためておくことができるんだ。

　どういうことかって？

　たとえば、きみがアイスクリーム屋で働いているとしよう。お金というものがないとしたら、働いた分のお給料は、アイスクリームでしはらわれるかもしれないね。すると、どうなる？　働けば働くほど、アイスクリームはふえていく。毎日もらってくるから、すぐに冷凍庫はいっぱいになって、入らないアイスクリームはとけはじめる。家中のアイスクリームがどうなってしまうか、「ああ、考えたくない！」（はじめのうちはうれしいかもしれないけど！）

　それに、アイスクリームだけじゃくらしていけない。ほかの食べものや、洋服にくつ、音楽や映画を観にいったり、旅行にも行きたいと思うんじゃないかな。

　働いてもらうのがお金だから（アイスじゃなくて！）、すきなように使ったり、将来のために貯めておいたりできるんだ。（貯めるのはすごくい

い考えだよ！　このことについては、あとで説明するね）　そう、お金は
アイスみたいにとけることはないからね！

お金とは、労働である

　お金は労働だって？　そう。だからお金をどのくらいもらえるかは、ど
んな仕事をどのくらいしたかでもあるんだ。きみが高校生になって、コ
ンビニでアルバイトをしたとしよう。時
給は1000円で４時間働いて4000円もらえ
た。ヤッホー！　新しいＴシャツを買え
るぞ！

　でも、ちょっと待って。4000円はきみ
の４時間分の労働だよ。そのＴシャツに
は、きみの４時間分の価値があるかな？

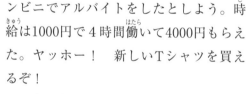

労働：お金をもらうために、
　　からだや知能を使って働
　　くこと

なぜお金は大切か？

いろんなことに役立つからだよ。たとえば、

●物を買うのに使える/食べものや身のまわりのものを買ったり、すきなことをしたり（映画「サンドイッチの逆襲」をダウンロードしたり！）、貯めておけば旅行にも行ける。

●安全のために使える/税金をはらったり、ケガや病気の保険に入ったり、家を買うために貯めたり、年をとったときのために貯めておくこともできる。

●ほかの人を助けることができる/災害にあってこまっている人や、動物や地球の環境を守るために活動をしている団体などに、寄付することができる。一時的に貸すこともできる。

お金にはたくさんの使い道があるし、お金は力をもっている。きみはどんなふうに使ってみたい？　さあ、そろそろ、**2**へ進もう。

> 寄付：神社、お寺、公共の事業にお金や物を贈ること

きみはどんな人？

きみのしたいことは、なんだろう？

　お金をかしこく使うということは、目標をもつこと、計画を立てることと、よい判断をすること、自分の行動に責任をもつこと、そして自分の将来について考えることなんだ。

　「責任」って聞いただけで、まぶたが重くなってきただって？　ねむっちゃだめ！

　「これ以上責任なんておしつけないでー！」なんてさけんで、本を投げすてないで！

　お金について知ることは、さいしょに書いたとおり、楽しいことなんだからね。（だんだんわかってくるからね）

まず、目標について考えよう。目標には、きみがやりとげたいことや、めざしていること、将来手に入れたいものもふくまれているよ。目標がかなうと、気分が安定して幸せになれる。

安定：安全で、自分と将来について自信がもてること

買いたいものや、やりたいこと、目の前の小さな目標も、未来の大きな目標もある。きみの目標は、きみがどんな人かを表してもいるんだよ。

たとえば、ユウとミドリの場合。2人とも12歳だ。

ユウには、こんな目標がある。

●エレキギターを買って

●ギターの練習をして

●バンドをつくりたい

ミドリには、こんな目標がある。

●新しいグローブを買って

●強いチームのピッチャーになって

●奨学金をもらって、

　大学でソフトボールをしたい

　2人ともすぐに買いたいものがあるのは同じだね。ユウはギター、ミドリは新しいグローブ。2人とも自分のすきなことをしたいと思っている。ユウはギターを習ってバンドをはじめたい。ミドリは強いソフトボールチームでプレイしたい。大学に奨学金をもらって行くことも計画している。ミドリのほうが、ユウより将来のことまで考えているね。ユウはそこまでは考えていないかもしれない。でもそれでかまわないんだ。何年かたつと、目標だって変わるかもしれないんだからね。

　そして、目標を見れば2人がどんな子なのか、なんとなくわかるだろう？

　じゃあ、きみの目標を見つけてみてごらん。自分についてなにが発見できるかな？

目標をリストにしてみよう

　「目標なんて考えたことがないよ」とか、「すごくたくさんほしいものがあってまよっちゃう」なんていうきみも、まず、リストを作ってみよう。

　「目標リストとスコア表」（P28）をコピーして書きこんでみよう。（コンピュータを使って自分でリストを作ってもいいよ）　将来のことを考えて頭にうかぶことを、なんでも書いてみよう。まちがった答えはないんだから、はずかしがらないで、どんどん書こう。

　注意が2つあるよ。

　1つは、この目標は、お金がかかわる目標だけにしぼるってこと。いろんな目標のなかには、お金に関係のないものもあるよね。

　2つめは、学校の帰りにパンを買いたい、今晩テレビを見たい、というようなすぐにかなう目標ははずしておいて、（少しでも）お金をためて実現したいことをえらぼう。

リストができたら、それぞれについて３つにわけて考えてみよう。

1. 短期的な目標/来月のように、わりと近い将来にほしいものやしたいことだよ。たとえば絵をかく道具を買いたいとか、来週末に友だちと映画に行きたいとか、カップケーキを作る材料を買いに行きたいとか。もう少し先、数か月後のクリスマスパーティを企画する、みんなでテーマパークに行く、動物愛護センターにペット用品を寄付するとかも、ここに入る。

2. 長期的な目標/来年あたりの目標。夏にキャンプに行くとか、自転車やスケートボードを買うとか、ダンスのレッスンを受けるとか、子ども病院にまとまったお金を集めて寄付するとか、だね。

3. とても長期的な目標/将来のこと、きみが成長してからの目標だよ。車の免許をとってすてきな車を買う、目ざす大学に入る、外国旅行に行く、自分でビジネスをはじめるとかね。

　リストは少なくても多くても、短期的な目標ばかりで長期的な目標があまりなくてもいいんだ。これをスタートにして、書き足したり、けずったりしていけばいいからね。

👁　目標は時間がたつにつれて変わっていっていい。自分の目標について考えていると、きみはかしこくなっていくにちがいない。きみの目標は、きみをびっくりするようなところへ連れていくかもしれない。

達人への道　アリスのクッキー作り

　アリスは、小学生のとき、クッキーを作りたいと思った。図書館から本をかりてきて、クッキーの作り方を読んで、材料を書き出した。その材料を買うために、おこづかいをためて、いよいよクッキー作りをはじめた。クッキーはぶじにできたけれど、だいすきなおじいさんにプレゼントしたら、おじいさんは体のために、甘いものを食べすぎてはいけないってことがわかった。

　アリスはまた図書館にいって、ヘルシーなクッキーについて勉強した。おかあさんに話すと、材料代を寄付してくれて、アリスは、おじいさんのためにヘルシーなクッキーを作ることができた。おじいさんはとてもよろこんでくれた。それを動画で公開したら、みんながほめてくれたんだ。アリスはうれしくなって、もっと、いろんな人にヘルシーなおかしを食べてもらいたいと思った。

　そのうち、アリスには新しい目標ができた。自分で考えたヘルシークッキングのレシピを作ることだ。本やネットや料理番組で研究して、かわいくてヘルシーなおかしを作りつづけた。高校生になると、近所でヘルシークッキングの教室をひらいて教えはじめたんだ。テレビの取材もやってきた。こうしてアリスは、はじめの目標のクッキーづくりから、ヘルシークッキングをみんなに広めるという新しい目標ができて、将来の仕事まで見つけたんだ。

自分の目標を採点してみよう

　目標をリストにしたら、今度はそれぞれの目標が、きみにとってどれほど大事か考えてみよう。次の質問に答えながら、0〜3まで点をつけてみよう。

0＝それほど大事じゃない

1＝すこし大事だ

2＝けっこう大事だ

3＝とても大事だ

●その目標に達したらどのくらいうれしい？　とび上がるぐらい？　それとも、にっこりするぐらい？

●その目標に達したら、どのくらい自分を誇りに思える？　自分のことがとてもよく思える？　もっと自信がつく？　もし、いやな気持ちになるかもしれないとしたら、なぜ？

●その目標に達した5年後には、どう思っているだろう？　今はまだ見当がつかないかもしれないけど、ちょっと考えてみよう。5年後もまだその目標をもちつづけているだろうか？　それともとっくにわすれているかな？

　今の目標が、これからもずっと大事である必要はない。でも、何年もの間、きみを幸せな気持ちにしてくれたり、誇りをもてるような目標は、きみにとって大事なものだと思うよ。

　ユリアの目標と、彼女がつけたスコアを見てみよう。（P28の用紙を使って、きみも自分の目標を採点してみよう）

ユリアの目標

目　標	どのくらい ハッピー?	どのくらい 誇りを もてる?	5年後も つづくと 思う?	合計点
週末のお泊まり会のた めに冷凍ピザを買う				
ストップモーション (＊) のアプリを買う				
ストップモーションを 習えるカルチャーセン ターの教室に行く				
おとうさんの誕生日に すてきなチェスセット をプレゼントする				
飛行機に乗ってひっ こした友だちに会いに 行く（おとうさんが半分飛 行機代をはらってくれるっ て!)				

（＊）ストップモーションとは、静止画を何枚も使用してあたかも動いているかのように見せ
　　ることができる撮影技法で、アプリを使って作成すると、動かない物にも命が吹きこまれ、
　　クレイアニメのような作品を作れる。

　ユリアはこんなふうに言っている。

　「いろいろ考えながら目標にスコアをつけてみた。お泊まり会
にピザがあればもっと楽しいし、友だちにごちそうできたら、う
れしい。でも、5年後には、この日のことなんかわすれちゃうか
もしれないわ。

　ストップモーションのアプリは、ずっと前からほしかった。で
も、今持っている無料アプリを使いつづけることもできるから、

とくに重要な目標ではないかも。このアプリを買わなくても、すごくいい作品が作れるかもしれないし、5年後にはきっとまた新しいアプリが出て、このアプリは古くなっているだろうしね。カルチャーセンターでストップモーションの教室に通うのはいいと思うの。技術が身につけば、アプリがなくてもいい作品が作れるかもしれないから。

　おとうさんはチェスがだいすきで、よくいっしょにやるの。すてきなチェスセットをプレゼントしたら、きっとよろこんでくれる。おとうさんがわたしのプレゼントをだいじにしてくれたら、わたしは、きっと自分のしたことに誇りをもてると思う。5年たっても使ってくれていたら、さいこうよね！

　親友のアコに会いに行くという最後の目標は、わたしにとってとても大事。アコは去年の夏にひっこしてしまった。すごく会いたい！　しょっちゅうメールはしてるけど、直接会いたいの。アコに会いにいったことは、5年後になってもきっといい思い出だと思う。実現したいな！」

目標に優先順位をつけよう

目標を採点したら、今度は優先順位をつけよう。優先順位をつけるには、合計点の高いものから順にならべてみるといいよ。短期的な目標も、長期的な目標も、とても長期的な目標も、みんな同じリストに書こう。ユリアの優先順位を見てみよう。

優先順位：どのくらい重要かで、順番をつけること

目　標	合計点
飛行機に乗ってひっこしした友だちに会いに行く（おとうさんが飛行機代を半分はらってくれるって!）	8
ストップモーションを習えるカルチャーセンターの教室に行く	7
おとうさんの誕生日にすてきなチェスセットをプレゼントする	6
ストップモーションの動画が作れるアプリを買う	3
今週末のお泊まり会のために冷凍ピザを買う	2

きみの目標も優先順位をつけてならべてみよう。（P29の用紙を使おう）

👁　このリストはいつでも変えられるし、完璧でなくていいんだ。実際、きっとリストは変わっていくだろう。それでも、きみが目標について考えはじめることは、とても大事なんだよ。

かかる費用を考えよう

さあ次は、こんな質問をするよ。

「その目標に達するにはいくらお金がかかるだろう？」そして、「それはほかの目標にどんな影響をあたえるだろう？」

ユリアは3週間分のおこづかいを貯めれば、お泊まり会の友だち全員にピザを買うことができる。でも、ひっこした友だちに会いに行く飛行機代はどうなる？　こちらの目標のほうが、ユリアにとって大事だったよね。長期的な目標はお金がかかることが多いけど、大事な目標もお金がかかる場合が多いんだ。ほしいものをガマンしろとか、短期的な目標はだめだ、と言っているのではないよ。かかる費用のことを考えながら、優先順位を決める必要があるということなんだ。

あとで、目標に達するためのプラン作りをするよ。目標について考えはじめたきみは、すべての目標に達することはできないと気づくだろう。リストからけずらなくてはならない目標もあるだろう。優先順位の下のほうの目標は、あまり大事でないならけずってもいいかもしれないね。

相談しよう

目標や価値観は、人それぞれちがう。きみの目標は友だちとちがうだろうし、家族ともちがうかもしれない。友だちや家族と、目標や価値観について話し合えば、たがいにもっとわかりあえるようになるし、新しい見方

ができるようになって、さらに新しい目標
ができるかもしれないね。

親がきみぐらいの年齢のとき、どんな目
標をもっていたのかをたずねてみよう。

どんなおもちゃやおかし、洋服がほしか
ったのか、それはいくらぐらいだったの
か、それを買うために貯金したのか、どう
やってお金を作ったのか、大人になって目標が変わったか、なども聞いて
みよう。

親は、家族の将来のためにどんなことをねがっているだろう？　できれ
ば、家の財政上の目標についても聞かせてもらおう。親戚を援助すると
か、新しいテレビを買うとか、家を直すとか、どんなことを考えて財政的
な判断をするのか、負債があるのか、などなど。（子どもに家の財政状態

を話したくないと思う親もいるだろう。むりに聞いてはいけないよ）

　友だちの目標も聞いてみよう。きみには思いつかなかったような目標があるかもしれない。友だちの目標の中から、自分の目標にしたいものが見つかるかもしれないね。

> **負債**：人や銀行などからお金や物品を借りて、返さなければいけない義務を負っているもののこと。借金。債務。

さあ、はじめよう

　目標のリストも作ったし優先順位も決めた。やれたじゃないか！

　「さて、あとは魔法のつえをふるだけだ！」って？　いやいや、そんなかんたんにはいかないよ。きみは、お金の達人への道を歩みはじめたところなんだ。次のステップはお金をつくる方法だよ。❸へ進もう！

目標リストとスコア表

目標をたくさん考えて、左の欄に書こう。そのとなりの３つの欄の質問に、**0〜3**のスコアで答えよう。最後に３つの欄の点数を足して、合計点の欄に書こう。P21の説明を参考にしてね。

0 =それほど大事じゃない　**1** =すこし大事だ　**2** =けっこう大事だ　**3** =とても大事だ

目標	どのくらいハッピー?	どのくらい誇りをもてる?	5年後もつづくと思う?	合計点

このリストが完成したら、次のページの表を使って重要な順にならべよう。

優先順位表

「目標リストとスコア表」を見て、合計点の高い順にならべよう。P24の例を参考にしてね。

目　標	合計点

このリストは、お金を使う前に見るようにしよう。すると本当にお金を使いたい大事な目標はなんだったのか、思い出すことができるよ。このリストは変わっていってもいいし、変わっていくべきなんだ。達成した目標や、もう必要ないと思う目標は線で消そう。新しい目標ができたら、リストに加えよう。

③ おこづかいをもらうだけでいい？

お金を手に入れる方法を考えてみよう

　目標を実現するためのお金は、どうしたらいい？　「親にもらえばいい
よ！」「おじいちゃんやおばあちゃん、おじさんやおばさんにもたのめ
ば、もっとかんたんかも！」「あっというまにお金が集まるよ」

　いやいやお金を得るのがそんなにかんたんなら、この本は必要ないよ
ね。

おこづかいをもらう

　おこづかいをもらっている子もいるだろう。おこづかいというのは、週ごとや月ごとに親からもらうものだね。おこづかいのために家のおてつだいをする子もいるし、とくになにもしなくてももらえる子もいるだろう。

　おこづかいをもらってないきみは、もらえるかどうか、親に聞いてみるといいね。でも、家がおこづかいがもらえるような経済状態にあるかどうか、ちょっと考えてみてね。もし、むりそうでも、こ

> **おこづかい**：自由に使うことがゆるされている、子どもの持つお金のこと。小遣い銭の略。

こを読みつづけてみよう。ほかの方法もしょうかいするからね。おこづかいがもらえそうだと思ったら、親に話してみよう。聞く時間をえらんで、きちんと話すことが大切だよ。こんなふうにね。

- ●親がリラックスして気分のよさそうな時をえらぼう
- ●れいぎ正しく、おこづかいがほしいとたのんでみよう。P34の「おねがいのしかた」も参考にしてね
- ●おこづかいをもらえばお金をうまく使う練習になる、と説明しよう
- ●お金の使い方の計画を立てて（④）、そのことに責任をもつとつたえよう
- ●話しおわったら、感謝の気持ちをつたえてね。たとえことわられたとしてもだよ！

　多くの子は、1か月いくらと決めておこづかいをもらっているみたいだけど、お年玉やクリスマスなどの機会にもらえることもあるね。毎月のきみのおこづかいは、家族が必要なものを買うお金から出ているんだよ。だから、もし、ことわられてもなっとくしなければならないね。（ざんねんでも！）

　おこづかいはもらっているけど、もっとお金がほしいっていうきみは、働いてお金をかせぐしかない。そう、それを仕事というんだね。でも、きみたちは、15歳になるまではアルバイトをしてはいけないことになっている。なぜかって？　まだ世界には小さいころから働かされている子どもがいて、学校にも行けなかったり、遊べなかったり、病気になったりしている。だから、子どもを守るために日本には「労働基準法」という法律があって、子どもには仕事をさせてはいけない決まりがある。（映画・演劇・新聞配達などの例外はあるけどね）　だからといって、子どもはまったくお金をかせぐことができないというわけではない。いくつかの方法について説明しよう。

　　●家のてつだいをしたらお金をもらえるか、親に聞いてみる
　　●おじいさんおばあさんにも、てつだいがないか、親から聞いてもらう
　　●ネットやフリーマーケットで、自分の持ちものや作ったものを売る

家のてつだいをする

　家のてつだいは、いちばん身近にできることだね。いつもより多く、おてつだいや用事をするんだよ。「よぶん」におこづかいをもらうためには、「よぶん」におてつだいをしなくてはならないってことさ。すでに決められている以外のことをしなくてはね。
　自分の部屋のそうじ、新聞や郵便物をとってくる、食事のあと食器を下げる、といったおてつだいをしている子も多いだろう。これらのおてつだいに対して、おこづかいはもらっていないんじゃないかな？　家族としてとうぜんのおてつだいや役目というのはあるからね。とうぜんのことやって、おこづかいをほしいというのは、親のきげんをそこねるいい方法だ！（悪い方法ってことだよ！）

よぶんのおてつだいのアイディアいろいろ

おこづかいのためにできるおてつだいには、どんなものがあるだろう。
きみの年齢、住んでいるところやペットがいるかどうか、親がどのくらいはらってくれるかなどによっても、ちがってくるよ。

弟や妹のせわ（けがをさせないように注意しよう）

ねこ（いぬ）のトイレそうじ

おふろそうじ＆トイレそうじ（とくにピカピカにみがく）

せんたくをして、ほして、たたむ（タンスにしまうまでやればサイコー！）

お皿をかたづけて、あらう

食卓の用意（お皿やはしをならべたり、おかずをはこんだり）

草むしり（まとめてゴミに出すまで）

ゴミ出し（曜日を決めて毎週やる）

そうじ・ぞうきんがけ（ぞうきんがけはよろこばれるかも）

犬のさんぽ（フンもちゃんひろうこと！）

植物の水やり（からさないように、わすれずに）

おてつだいのえらび方

おてつだいには2種類あるよ。くり返しやるものと、1度きりのもの。くり返してやるものなら、定期的におこづかいが貯められるね。でも、ちゃんとできなければ、何度もやらせてもらえないよ。

皿あらいは、毎日、くり返しできるおてつだいだよ。夕食のお皿をあら

って、また、よく朝のお皿をあらうことができる。とくべつにみがくおふろそうじなら、1週間後にまたできるよ。

1度きりのおてつだいは、庭の草むしりをしたり（数か月後にはまたできるかも）、ガレージのかたづけをしたり、いらないものを大ゴミに出したり、大きな郵便物を出しにいったり、なんていうことかな。

でも、こうしたおてつだいは時間や力が必要だから、1度に多くはらってもらえるかもしれないね。おとうさんがガレージに行くたびに、「ごちゃごちゃでいやになっちゃうな。かたづけなくちゃな」なんてつぶやいていたら、チャンスだよ！　おとうさんの代わりにきみがかたづければ、お金をもらえるかもしれないよ。

👁 毎週お金がもらえるように、定期的なおてつだいをいくつか見つけよう。それから、いつもアンテナをはって、1度だけのおてつだいもさがしていれば、きっと、お金がもらえる機会がふえるよ！

おねがいのしかた

おてつだいをして、家族からお金をもらうためにひつようなこと。それは、よいコミュニケーションだ！　とつぜん、おてつだいをはじめて、やったからお金をちょうだい、なんて言ったらだいなしだよ。どんなふうに準備したらいいか、次の話を読んで考えてみよう。

★ ★ ★　きみならどうする?　★ ★ ★

おてつだいさせて！

　平日の朝ごはんは、いつもバタバタだ！　おとうさんは仕事に行く用意をしながら、台所であとかたづけもする。小学校１年生の弟の用意もてつだわなくてはならない。パンをほおばっていた弟が、とつぜん言った。「そうだ、遠足のお知らせにサインしてもっていかなくちゃならなかった！」　もっと早く言ってくれと、おとうさんはうんざりしながら、「そのお知らせはどこにあるんだ？」と聞くと、弟は首をかしげる。「さあ…」

　おとうさんと弟が必死でプリントをさがしている間に、きみは朝ごはんを食べ終えた。家を出るまでまだ７分ある。学校の用意はできているから、よゆうだね。そのとき、きみは、もっとおこづかいがほしいってことを、思いだした！

きみはどっちをえらぶ?

1. 「もっとおこづかいをちょうだい。今、自分のお皿をかたづけてあらうから! そうすれば助かるんじゃない?」と、おとうさんに言う。　(結果はP38の、1番を見てね)

2. きみは自分のお皿をかたづけて、バター、ミルク、ジャムもしまう。自分だけでなく弟の食べたところもふいて、弟のプリントがソファの上にあるよと、おとうさんに教えてあげる。

その夜、おとうさんがゆっくりくつろいでいるときに、こうたのんでみる。「前から考えていたんだけど、もっと家のおてつだいをして、おこづかいをよけいにもらいたいんだ。朝すごくいそがしそうだから、ぼくが朝ごはんの用意をして、おべんとうのサンドイッチも作ろうか? そうすればおとうさんは、もっと時間ができるし、仕事にちこくしないですむんじゃない? それとも、なにかべつのおてつだいをしたほうがいい?」　(結果はP38の、2番を見てね)

どちらが効果的な方法かは、お金のプロでなくてもわかるよね。えらんだ答えの結果を読む前に、次のページの3つの質問を読んでみて。よぶんにおこづかいがほしいと親にたのむ前に、考えておくといいことだよ。

おてつだいをしてお金がほしいとたのむ前に考えること

１．家には、きみによぶんにおこづかいをくれるだけのゆとりがあるだろうか？

これは大切なことだよ。家によぶんなお金がないのなら、聞く意味がないからね。その場合は、P43の「おじいさんやおばあさんのおてつだいをする」のところを読んでみよう。

２．どんなおてつだいをするか、きみにできることをつたえるといいよ。

まず、なにをすれば親が助かるかを考えよう。冷凍庫にのこっているアイスを食べる、なんていうのはおてつだいとは言えないよ。親の気持ちになって考えてみよう。自分ひとりでできることで、親が本当に必要としていることがいいよ。なかなか時間がなくてできないと、親がぼやいているようなことがあれば、リストに加えよう！

３．いつ親に話せばいいだろう？

いそがしい時に聞くとよい返事をもらえないことが多いよ。相手のきげんがよくて、ゆっくり考える時間があるときにたのむんだ。それと、きみには責任感があって、やるべきことをやれる、というところを親に見せてから、たのむのがいいだろう。

★★★ 結果を見てみよう ★★★
けっか

おてつだいさせて！

1番をえらんだら

　おとうさんは答える代わりに、きみをちらっと見た。頭も服もぐちゃぐちゃで、指からジャムをたらしながら、弟のプリントを必死にさがしている。きみは「今ってさいこうのタイミング、おとうさん、手助けが必要だもの。きっとOKしてくれる」と考えた。でも、おとうさんは「なんだって？　自分のお皿を下げたり、学校へ行ったりするだけで、お金がもらえるのかい？　それなら、トイレに行くたびに1000円はらおうか！？」
「え、おとうさん本気？」
「そんなわけないだろ！　当然のことをするのに、お金なんかはらうわけないじゃないか！　さあ、さっさと食器をかたづけて学校へ行きなさい！」
　おとうさんはジャムでべたべたの手で、遠足のプリントにサインをしながら言った。

おしまい

2番をえらんだら

　おとうさんはきみを見て少し考えている。「そうだね、いい考えかもしれないね。朝ごはんのかたづけのほかにも、いろいろてつだってもらえることがありそうだね」
「うん！　おとうさんのきらいな犬のトイレそうじもしようか？」
「それはいい考えだ！　でも、もうねる時間だから、週末にゆっくり話し合って決めよう」

おしまい

　2番をえらんだきみ、おめでとう！　かしこい選択だよ！

　でも、じょうずな聞き方をしてもOKにならない場合もあるよ。そもそもきみの親は、子どもがお金のためにおてつだいをすることに反対かもしれないからね。その場合は、ほかの方法を考えるしかないね。親の考えを変えるのはむずかしいだろうからね。

　もし、親が、きみにその仕事がちゃんとできるかどうか不安がっているなら…、なぜなのか理由を聞いてみよう。

　やり方がわかるの？　ちゃんとできないんじゃない？　と思われていたら、順序立てて最後までやり方を説明しよう。ちゃんとできるとわかってもらえるよ。もし、よくわからない場合は、正直にそう言って、教えてもらおう。

　もし、最後までやりとげられないんじゃないの？　と思われたら…、この仕事をまじめにやろうと考えていることを示そう。いつ、どのくらいの時間をかけてやるかを説明するんだ。そうすれば、ただ思いつきで言っているのではないことが、わかってもらえるだろう。

　もし、宿題やほかのおてつだいをする時間がなくなっちゃうんじゃないの？　と思われたら…、ちゃんと考えていることをわかってもらおう。1日の計画を立てて、それを見せて、ほかのこともしっかりやれると説明するんだ。

　ほんとうにちゃんとできるかどうかのテスト期間をもうけてもいいね。たとえば2週間の間、学校のあとに犬のさんぽをしてみて、2週間たったら、家族といっしょにふり返ってみよう。親に言われないとできなかったり、何度もさぼったりしたら、「テスト落第！」と、おかあさんに言われて

しまうかもね。でも、だれにも言われず、もんくも言わずに、毎日やりとげられたら、おかあさんはみとめてくれるだろう。責任をもってやりとおせることを示せるのはきみだけだ。自分次第だということをおわすれなく！

　どんな仕事をするときにも、やとい主（お金をはらう相手）を不安にさせてはだめだよ。引き受けた仕事は、きちんと時間どおりにやろう。お皿をあらうときに、フライパンだけのこしておくなんてのもダメ！　雑草をぬくときはたのまれた範囲をしっかりとること。小さい所ものこさないようにね。イヤイヤやるのではなくて、楽しそうにやることも大事だね。

👁 きょうだい

　年上のきょうだいがいる人は、お金をふやすチャンスかも！　そのきょうだいが、家のおてつだいをしぶしぶやっていれば、ラッキー！「おてつだいを代わりにやろうか？」と、提案してみたらどう？　もちろん、少しの報酬と引きかえにね！（きょうだいの代わりにおてつだいをしていいか、親にたしかめてからがいいと思うけど）

どのくらいのお金をもらう？

　きみの報酬、つまり仕事に対してはらってもらう代金は、きみが決めるのではないよ。家族と話し合って決めるんだ。もし、リビングルームにそうじ機をかけるのに5000円の報酬を要求すれば、まずなっとくしてもらえないだろう！

　じゃあ、どうやって決めればいいかって？　次の質問に答えながら、ちょうどいい代金を考えてみよう。

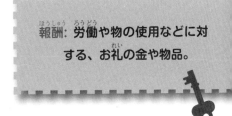

報酬: 労働や物の使用などに対する、お礼の金や物品。

●きみは、すでにおてつだいをしておこづかいをもらっている？　もらっているなら、ふだんのおてつだいと、新たなおてつだいをくらべてみよう。親がどのくらいを考えているか、見当がつくと思うよ。新しいおてつだいは、むずかしい？　かんたん？　時間がかかる？　みんながいやな仕事？

●どのくらい時間がかかる？　時間がかかるほうが、よけいにお金をもらえるだろう。

●親はどのくらいはらえるか？　よぶんの仕事をしたらどれくらいもらえるか、聞いてみるのが早いね。

●いくらもらえば、よろこんでできる？　トイレのそうじをするたびに気分が悪くなるのなら、それに見合うお金をもらうか、べつのおてつだいをしたほうがいいかもしれない。

●気分のいいおてつだいだろうか？　だれもやりたがらない気分の悪い仕事や、つらい仕事なら、お金を少し多くもらってもいいだろう。犬のふんのそうじ、せんたくものをたたむ、どっちが高くもらっていい？

こういったことを考えてだした金額を、親に提案してみよう。「高すぎる」と言われたら、話しあって、たがいになっとくのいく金額になるといいね。

親が、「いくら」と言ってくることもあるだろう。それが少なすぎると思ったら、理由をいって、交渉してもいいんだ。でも、礼儀正しくね。P33のリストを見て、なぜそう思うのかをきちんと説明しよう。親がすぐになっとくしてくれるとはかぎらない。値上げ交渉の前に、おてつだいがちゃんとできることを示す必要があるかもしれないよ。

仕事の報酬の種類

ここまでは、家のおてつだいをして、報酬をもらう方法について学んできたね。きみは15歳になったら、放課後や週末に、お店やレストランでアルバイトをするようになるかもしれない。多くの場合は、報酬は時給でしはらわれる。大人になって会社に就職すると、給料で報酬を得るようになるだろう。仕事の報酬にはこんなものがあるよ。

● 一時的な報酬：ある仕事に対してはらわれる代金
　例：庭のかれ葉集め1500円
● 時給：つづけている仕事に対して時間ではらわれる代金
　例：コンビニの仕事　1時間1000円
● 給料：つづけている仕事に対してはらわれる年間決められた額
　（多くは月ごとにはらわれる）
　例：会社の社員として年間450万円の給料

どんな仕事をする？

　家のてつだいはお金をつくるのによい方法だけど、もし、仕事が見つからなかったら、おじいさんやおばあさんに、仕事がないか聞いてみよう。きみにできるおてつだいがあるかもしれないよ。

どんな仕事をするか

　どんなことをしたいかがあっても、相手のあることだから、自分がやりたいこと、やれることを考えておいて、相手からべつの仕事を提案されたら、それができるかどうかをあらためて考えてからとりくんでね。たとえば、犬のさんぽ、買いもの、草むしり、かれ葉集め、冬なら雪かきもあるね。旅行中の植木の水やりなんかもあるかもしれない。

　さて、きみが15歳以上になったときのことを、少し話そう。外で仕事を見つけるときの方法だ。

● 地域の掲示板や広報誌を見てみよう。チラシ配りや、イベントのてつだいが見つかるかもしれない。郵便局なども夏や冬の休みの時期にアルバイトを求めていることがある。スーパーやコンビニも調べてみよう。近くでのアルバイトは、通うのにべんりだね。

● 家族や近所の人に、仕事がないか相談してみよう

● 自分のスキルと興味も考えて決めよう。家庭教師や子どもの世話は、きみが将来先生や保育士をめざしているなら、ぴったりじゃないかな。自分のお店をもちたいと考えているなら、ウエイトレスやウエイターもいいね。自分の経験ややりたいこと、興味にあった仕事をえらぶといいよ。

仕事を宣伝する

どんな仕事をしたいかが決まっていて、どこでやるかが決まっていないなら、宣伝が必要だ。自分がどういう仕事を求めているかを知らせるんだ。宣伝の方法には主に3つあるよ。

口コミ：知っている人にたのんで、きみが仕事をしたいことを広めてもらおう。友だちの親や地域の人に声をかけて、たのんでおいてもいいね。

宣伝：商品や仕事について、どんなことをするか、その特徴などをわかりやすく説明し、相手に知ってもらうこと

「こういう仕事があったら紹介してください」ってね。親から知り合いにつたえてもらうのもいいね。

ポスターやチラシ：ポスターやチラシを作って、どんな仕事をいくらで引き受けるか、連絡方法などを書いて、知り合いにわたしたり、近所のお店やコーヒーショップに置かせてもらおう。（もちろん許可をもらってから）

ネット宣伝：地域のネット掲示板や、地域新聞のウェブ版に無料でのせてもらえるか聞いてみよう。

宣伝のプランができたら、大人に見せて意見を聞こう。知らない人から返事がきたときには、親に相談して返事をしよう。はじめて相手に会いに行くときは、安全のために、かならず親か大人についてきてもらおう。

自分を宣伝する

お金を得るために仕事をするのは、ビジネスマンになるということだよ。仕事だけでなく、自分の宣伝もしなければならない。どういうことかって？　やとってもらう相手に、自分が責任感のある人間だとわかってもらうということだよ。でも、ビジネススーツを着たりする必要はないよ！自分らしくない人のふりをすることはない。よい印象をあたえて、きみが責任感のある、感じのいい人間だと思ってもらえればいいんだ。

こんにちは。
ワンちゃんを
おあずかりします。

　きみが、信頼して仕事をまかせられる人だと知ってもらうには、どうしたらいいかな？　もし、きみが大急ぎで友だちの家へ自転車で行くとき、近所の庭を横切って近道をしたとしたらどうだろう？　かってに庭に入られて、近所の人はどう思う？　きみのことを常識がなくて無礼な人間だと思うだろう。庭に人がいたら危険だし、芝や植物を傷つけるかもしれない。そんなきみを信用して、ペットのせわや草むしりの仕事をまかせてくれる？　それはないと言っていい。

　失礼や無礼なことをしないのは基本のキ。さらに、責任感のあるところを示さなくてはね。相手と話すときは目を見て、質問には一言だけでなく、きちんと文章で答えるようにしよう。「○○です」「○○だと思います」「それについてはよくわかりません」とね。しっかりとした受け答えは、よい印象をあたえるものなんだ。

　人生で出会う人たち（大人も子どもも）によい印象をあたえることは、自分の評判を高めることになる。評判、すなわち、人にどう思われる

かということだね。評判がよくなれば仕事をもらいやすくなる。できるだけよい印象をあたえる努力をしよう。

仕事のしかた

　評判をよくするために一番重要なのは、実際の仕事ぶりだ。よい仕事をすれば、口コミで広まって、もっと多くの人にたのんでもらえるようになるだろう。でも、ひどい仕事をしたら、きみにはがっかり、という評判がすぐに広まってしまうんだ。信用されて仕事をまかされたら、それにこたえなくてはね。それには、どうすればいいかな。

●時間通りに行くこと。少し早めに行くのがいい！

●仕事の準備を整えておくこと。必要な道具があるなら持っていくこと。相手が道具を用意してくれているなら、一度、使い方をためしておくこと。しまってある場所や使い方を聞くこと。

●最後まできちんとやること。草むしりはすべてぬき終わるまでちゃんとやること。時間内にどうしても終わらないことがあったら、ちゃんとつたえること。仕事の報告をすること。

物を売ってお金をつくる方法

　さて、お金をつくるには、働くだけではなくて、なにか物を売るという方法もある。

　売ることのできるものは主に2種類だ。

●自分で作ったもの

●自分が持っているもの

　そのどちらにも当てはまらないもの、たとえば居間のソファ、おねえさんのアクセサリーなど、きみのものでないものを売ってはだめだよ！　そんなことわかってるって？　それならいいけどね。

　売る場所は、家でガレージセールを開くか、地域のフリーマーケットなどで直接売るか、リサイクルショップへ持っていくかがある。リサイクルショップで自分の物を売る場合も、大人がいっしょでないと売れない。子どもは売ってはいけない決まりがあるので、大人といっしょに行って、あとで売ったお金を受け取ろう。

　フリーマーケットがいつ開かれるか、どうやって申し込むかなどを調べてみよう。そして、家族や知り合い（友だちの親）など、大人に申し込んでもらおう。売る場所と日時が決まったら、売るものを考えよう。

　まず、自分で作ったもの。カップケーキやクッキーのようなおかしを作って売ったり（材料を自分で買うのではなくて、台所の材料を使う場合は親の許可をもらってね）、手作りの物（編み物や絵や工作など）を売ってもいいね。ネットや図書館でアイディアをさがしてみよう。

　あとは、自分の持っているもので、いらなくなったおもちゃや本や服を売るのもいい。ベッドの下やクロゼットの奥から掘り出してみよう。でも、お金をもらうんだから、こわれたりよごれたりしているものはダメだよ。それに人からもらったプレゼント（おじさんがくれた鉄道の本とか）もダメ。売るものを決めたら、親に見せて許可をもらおう。

ガレージセールやフリーマーケットで売る

フリーマーケットやガレージセールで、直接なにかを売るのはとてもおもしろいよね。お客さんと話して、商品の説明をすることができるよ。家でガレージセールができればいいね。その場合、販売期間は1〜2日と決めてもいいし、毎週末開いてもいいだろう。どちらの場合でもスムーズにいくように、P56のチェックリストを参考にして準備しよう。

フリーマーケットにお店をだすなら、どうやったら出店できるかを調べてみよう。親や家族といっしょに出そう。もし家族が出さないなら、友だちの親などに、グループに加えてもらえないかたのんでみよう。

1. **親や大人の許可をとる** これは一番重要なステップ。大人にもてつだってもらおう。準備や販売の間、いっしょにいてもらったり、次のステップについても相談しよう。

2. **場所を決める** 自分の家のガレージ？ 道に面した庭？ 玄関の前？ 人がたくさん通るところがいいよね。お客さんが多いということだからね。どこでやるにしても、まず、親に相談しよう。たとえそれがきみの家の前であっても、物を売るには規則や法律があるかもしれないからね。（フリーマーケットは場所が決まっているよね）

3. **日時を決める** 学校や仕事が休みの週末が向いてるよ。ガレージセールは朝7時半〜8時ごろから始めて、午後の早い時間まで開いていることが多い。学校から帰って夕方に開いてもいいね。（フリーマーケットなら時間も決まっているよね）

4. **友だちや家族にてつだってもらおう** ガレージや庭で売るのなら、家族や友だちにてつだってもらうと助かるね。お金を受け取ったり、品物を見はったり、あとかたづけにも助けが必要かもしれない。てつだってくれる人にも、売りたいものがあれば持ってきてもらってもいいね。

5. **宣伝しよう** 家の前やガレージの目立つところにポスターを貼ろ

う。通る人の目につくところだよ。口コミも大事だよ。家族、友だち、近所の人などへかんたんなチラシをくばって、宣伝しよう。

6．おつりの用意と、お金の管理方法を決めておこう　　おつりがきっと必要になるよ。硬貨だけでなく、1000円札も用意しておこう。受け取ったお金を入れる小さい箱や、腰につけるポーチを用意しよう。かってに品物を持っていってしまう人もたまにいるかもしれない。売上金は大人にわたして、安全な場所、家の中に保管してもらおう。

7．準備しよう　　準備にはけっこう時間がかかるよ。前の晩までにできるだけ用意しておこう。品物をならべる台を用意しよう。商品がよごれないように、台に布をしいたり、商品が目出つようなならべ方をくふうしよう。値段を決めて、マスキングテープや、ポストイットに値段を書いてはりつけよう。クッキーなどを売る場合は、なるべく前の日に作ろう。商品と値段の一覧表を作っておくといいね。売れたものにはチェックを入れよう。どんな方法で売るか、値段をどうするかなど、大人に相談しておこう。

8．お客さんには親切に、ていねいに対応しよう　　お客さんから商品についてたずねられたら、ていねいに答えよう。何でできているか、いつごろのものか、食べものの材料は何かなど、きちんと説明をできるようにしておこう。

9．終わったらきれいにかたづけよう　　家から借りたものは、責任をもって、元の場所にもどそう。かたづけがしっかりできれば、親や大人は、きっと次のときにも許可してくれるよ。

10．売上金を数えよう！　　お金を得ることができたかな？　それはきみが一生懸命働いたお金だよ。むだづかいしないようにね。次の章に出てくる「予算の管理」の仕方で考えて、❻に出てくる「貯金」をするか、考えよう。

ネットで販売する方法

　ネットを使っても物を売ることができるよ。でも、それにはかならず大人の助けが必要だ。子どものネット販売は、法律で禁止されているからね。商品の発送にも、大人の助けが必要だし、代金はカードやネットを通じてはらわれるから、大人の口座を使わせてもらわないとならない。

　ネットで売る利点はなんだろう？　ガレージセールより手間がかからないし、日時を決めなくてもいいし、商品がひとつでもいいし、1日に数分だけ見ればいいから、時間もかからない。なかでも大きな利点は、大勢のお客さんにアプローチできるということだ。とくに、めずらしいものやなかなか手に入らないものを売る場合は、多くの人に見せるのが利点になるよ。

　きみが子どものころ使った、おもちゃやゲームなんかも売れるかもしれないよ。もう店で売っていないおもちゃやビデオゲームのセットを集めたがっているコレクターもいるからね。思いがけない高値がつくこともある。部品がないとか、こわれているとか、状態がどうなのかは説明をつける必要があるよ。

　きみがアートや工芸品を作るのが得意なら、専門のネットで販売してみてもいいね。大人にてつだってもらって、登録して売ってみよう。

コラム　税金の話

　ものを売ったり仕事をしたりしてたくさんのお金を得たら、政府に所得税をおさめないとならないかもしれないよ。どんなものを売ったりどんな仕事をしたかによっては、消費税を買い手からもらって、政府におさめなくてはいけないかもしれない。税金は複雑だから、きみの住んでいるところの税法を、大人に調べてもらおう。

> 所得税：収入の何％かを政府にはらう
> 消費税：購入価格の何％かを政府にはらう

　今はまだ税金をおさめる必要はなくても、税金のしくみについて知っておくと、将来役に立つよ。大人になったら、収入に対してかならず税金をはらわなくてはならないからね。政府はその税金で、道路や学校や警察や消防署や病院を作ったり、整備したり、いろいろに使うんだ。

　会社は、働く人の給料から税金を引いて、それを政府におさめている。どういうことかというと、給料は週ごとや2週間ごと、あるいは月ごとに、小切手や銀行口座に振りこまれる。そのとき、給料明細書が働く人にわたされたり、働く人のコンピュータに送られたりする。明細書にはこんなことが書かれているよ。

- しはらいを受ける人の名前
- 給料の対象となる期間
- 働いた時間数
- 給料のレート
- その期間にかせいだ額
- 差し引かれた税金の額
- それ以外に引かれた金額

　もし、きみが時給1000円で20時間働いたら、20000円（1000X20）かせいだことになるけど、きみが受け取る金額は20000円ではない。税金など

が差し引かれて、たとえば17000円しかもらえないかもしれないんだ。
　税金のほかに、年金のかけ金も差し引かれる。年金は仕事を引退して、一定の年齢になってもらえるものだ。病気などで働けない人にしはらわれることもある。それから健康保険や介護保険のかけ金も差し引かれる。介護保険は、高齢になって介護が必要になったときにサポートしてもらえる仕組みだ。年金やこうした保険の掛け金を引かれるのはいやだと思うかもしれないけど、こうした仕組みは社会をささえるものだし、きみも助けられることになるかもしれないよ。
　１年間にかせいだ給料の額や、税金などの差し引かれた額を計算してみて、もし税金をはらいすぎていたら、はらいもどしてもらえる。でも、もしおさめた税金額がたりなければ、もっとはらわなくてはならないんだ。

ビジネスプランを立ててみよう

　物を売ったり、家以外で働くときはビジネスプランを立てておこう。ビジネスプランがあれば、いくら請求したらいいかなどを判断することができるよ。
　ビジネスプランはべつに複雑なものではない。特別なアプリや大学の知識が必要なわけじゃない。次の質問に答えながら作ってみよう。P57の「わたしのビジネスプラン」の用紙をコピーして使ってもいいし、べつの紙に答えを書いてもいいだろう。

どんなアイディア？

　まず、どんなサービスを提供するのか、どんなものを売るのか。庭そうじをするのか、犬のさんぽをするのか、自分で作った模型や、かき氷を売るのか？

宣伝の方法は？

　きみのビジネスのことを知らなければ、お客さんもこないよね。宣伝しよう！　P44を参考にしてね。

経費はどのくらい？

　なにかを売るには費用がかかる。たとえば、クッキーなら、小麦粉やさとうなどの材料が必要だし、商品を入れる袋もいるかもしれない。電気代も水道代もかかるよね。

> 経費：ビジネスをするのにかかるお金

　サービスを提供する場合にも、たとえば庭そうじなら、手袋やごみ袋が必要かもしれない。犬のさんぽをするときには、フンを入れる袋や犬用ビスケットを買ったり。ネットでなにかを売るときも、郵送するのに梱包や送料が必要だね。

　広告代もかかるかもしれない。たとえばポスターを作るのに、紙やマジックを買わなくてはならないかもしれないね。

　一度だけの経費も、毎回かかる経費も、リストにしておこう。

原価の計算

　原価は、経費全体を、仕事の数や、売ったものの数で割った数字だ。たとえば1ぴきの犬を1度さんぽさせるのにかかる経費は、フンの袋1つと犬ビスケット2つかもしれない。クッキーを作るのには、どれだけの経費がかかるかな？

　クッキーの場合で考えてみよう。おかあさんに買いものにつれていってもらって、小麦粉とバターと牛乳とさとうとシナモンを買う。その合計額が1200円だとしよう。クッキーの型は家にあるから買わなくてもいいね。それでクッキーを150こ作った場合、1200円で150このクッキーができたことになる。

原価を出すには、1200円を150で割ればいい。

$$1200 円 ÷ 150 = 8 円$$

クッキー1こを作る原価は8円ということになる。

値段を決めよう

　もちろんかかった経費より高い値段で売らなくちゃ意味ないよね！　原価が1こ8円のクッキーを5円で売ったら損をするよ。でも高すぎるとだれにも買ってもらえなくなる。買う人にとって高すぎないように、同時に、経費やきみの時間や労力に見合った値段にするのがカギなんだ。だって、働いたり物を売ったりするのは、利益を得るためだもの。使った経費よりもうからなくてはならないよね。

　価格を決めるには、ネットで調べたり、大人に相談するといいよ。きみが満足できて、お客さんにも安いとよろこんでもらえるような値段をつければ、みんなハッピーだね！

> 利益：経費をはらった後に残るお金

利益はどのくらい？

　これはかんたんに割り出せるよ。1つの価格から、1つの原価を引けばいいんだ。たとえば、原価8円のクッキーを10円で売れば2円が利益になる。「えー！　たったの2円？」と思うかもしれないけど、1こ8円のクッキーを10こで1袋にいれて150円で売れば、全部売れたら2250円になって、1050円の利益が出る。

ユカのビジネスプラン

ビジネスのアイディア：かわいいリボンのついたヘアゴムをつくって、フリーマーケットで販売する。安い材料を仕入れて、友だち3人でつくる。

宣伝の方法：フリーマーケットは町のウェブサイトで宣伝しているか

ら、友だちや知り合いに、「アクセスして情報をみて、当日来てね」

って、知らせた。

経費：ゴムとリボンを買って、糸と針は家にあるものを使う。材料費は

合計 1000 円だった。

原価：みんなで放課後集まって作った。まず、リボンの形をぬって、ゴ

ムにとりつけ、2つずつ袋に入れる。最初は1時間で5～6こく

らいだったけど、だんだん早くできるようになって、3人で120

こ作った。原価は1つ、8.3円。

代金：リボンのついたヘアゴムはだいたい 100 円で売っているから、2

つで 150 円の値段をつけた。

利益：50 組が売れたから、7500 円の売り上げ。材料費を 1000 円引いて、

6500 円。3人で割ったから、一人 2166 円の利益がでたよ。ぜんぶ

売れていたら、利益ももう少し多かったはず。でも、みんな満足した。

　家のおてつだいや近所の仕事をしたり、ものを売ったりするのは、

お金をかせぐのと同時に、仕事の経験をつむことにもなるよ。責任感をも

つということや、人と働くこと、それにお金を管理することなどをおぼえ

られるから、いい経験だね。

　さて、次の章は、お金の管理について学ぼう。

★チェックリスト：ものを売ってみよう

次のステップに従って準備しよう。できたら左の□にチェックマークをつけよう。
（くわしい方法についてはP48-49を参考にしてね）

□1. 親や大人から許可をもらう。大人にもてつだってくれるようたのもう

   てつだってくれる大人＿＿＿＿＿＿＿＿＿＿＿＿＿＿＿＿＿＿＿＿＿＿＿

□2. 場所を決めよう

   場所＿＿＿＿＿＿＿＿＿＿＿＿＿＿＿＿＿＿＿＿＿＿＿＿＿＿＿＿＿＿＿＿

□3. 日時を決めよう

   日＿＿＿＿＿＿＿＿＿＿　　時間＿＿＿＿＿＿＿＿＿＿＿＿＿＿＿＿＿

□4. てつだってくれる人をもっと見つけよう

   てつだってくれる人＿＿＿＿＿＿＿＿＿＿＿＿＿＿＿＿＿＿＿＿＿＿＿

□5. 宣伝しよう

   □ポスターを貼る

   □家族、友だち、近所の人、学校の友だちに知らせる
   □終了後にポスターをはずす

□6. おつりの用意と、お金の保管の方法を決めよう

   お金の保管場所＿＿＿＿＿＿＿＿＿＿＿＿＿＿＿＿＿＿＿＿＿＿＿＿＿

□7. 準備をととのえよう

   □売るものをきれいにする

   □売るものに値段をつける

   □大人に値段をチェックしてもらう
   □準備をいつ、どのようにすればいいか計画を立てる

□8. 販売会は、感じよく、ていねいに、責任のある態度で行おう

□9. 終わったらすべてのものをきちんとかたづけよう

□10. お金を数えて、リラックスしよう！

★わたしのビジネスプラン

次のリストに書きこんでビジネスプランを作ろう。（くわしくはP52-53を参考にしてね）

アイディア：＿＿＿＿＿＿＿＿＿＿＿＿＿＿＿＿＿＿＿＿＿＿＿＿＿＿＿＿＿＿＿＿＿＿＿
＿＿＿
＿＿＿

宣伝方法：＿＿＿＿＿＿＿＿＿＿＿＿＿＿＿＿＿＿＿＿＿＿＿＿＿＿＿＿＿＿＿＿＿＿＿
＿＿＿
＿＿＿

経費：＿＿＿＿＿＿＿＿＿＿＿＿＿＿＿＿＿＿＿＿＿＿＿＿＿＿＿＿＿＿＿＿＿＿＿＿＿＿
＿＿＿
＿＿＿

ひとつあたりの原価：＿＿＿＿＿＿＿＿＿＿＿＿＿＿＿＿＿＿＿＿＿＿＿＿＿＿＿＿＿＿
＿＿＿
＿＿＿

売値：＿＿＿＿＿＿＿＿＿＿＿＿＿＿＿＿＿＿＿＿＿＿＿＿＿＿＿＿＿＿＿＿＿＿＿＿＿＿
＿＿＿
＿＿＿

利益の予測：＿＿＿＿＿＿＿＿＿＿＿＿＿＿＿＿＿＿＿＿＿＿＿＿＿＿＿＿＿＿＿＿＿＿
＿＿＿
＿＿＿

　ビジネスプランは、アイディアが変わったり（別の新しいアイディアが出てきたりしたら）、経費が変わったり、売値を変えたりしたら、書き換えていこう。お金をつくることが目標だよ！　経費と自分の使った時間に見合うように、値段をつけよう。

④ プランをつくろう！
予算を立ててみよう

　家のまわりの草むしりで、1000円、リサイクルショップでおもちゃを売って800円。きみは1800円かせいだ！　さて、この1800円をそのままおいておく手はないよね。アイスクリーム屋へ直行だ！　一生懸命働いたごほうびだよ。友だちみんなにもアイスをおごっちゃおう！

　おや、アイス代は全部で1600円だって。だいじょうぶ、だいじょうぶ。きみはお金持ちだもの。あれ、でも一瞬にしてお金のない人になってしまったよ。まあいいか、お金を持っていたあいだは楽しかったし、使わないのにお金をかせぐ意味なんてないからね。

　でも、1日中一生懸命に働いてかせいだお金を、たった1時間でほとんど使ってしまうのってどうだろう？　ほんの少しのあいだは気分がよくても、それでいいんだろうか？　❷で読んだ目標のことを思い出してみよう。（思い出せない人や、まだ読んでないよ、という人は、P16-P29を開いてみて）　お金をかせいでもすぐにパッと使ってしまったら、目標に到達することはできないよね。

　だから、予算を立てることが大切なんだ。予算というのは、お金の出し入れの計画を立てるということだよ。予算を立てれば、お金を使うときに役立つ。破産せずに、目標に達するための方法でもあるんだよ。

お金が入る（収入）＝お金が出る（支出）

　予算を立てるのはむずかしいことではないよ。ロケットを作ったり、世界を平和にすることなんかよりかんたんさ。必要な方式はたった1つ。入ったお金と出ていくお金を同じ額にすることだよ。きみがかせいだお金（プレゼントとしてもらったお金やおこづかいも含む）と、きみが使ったり寄付したりするお金と、目標達成のために貯金するお金を合わせた額が、同じでないとならないんだ。

　これは、「かせいだお金＝使うお金」と言っているのでも、「かせいだお金＝貯めるお金」と言っているのでもないよ。

かせいだ金額＝きみが使ったお金＋寄付するお金
＋目標達成のために貯金するお金

　かせいだお金をぜんぶ使うのではないし、ぜんぶを貯金するのでもない。きみが世界一の慈善家（人を助けるために、チャリティなどへお金を寄付する人）であったとしても、全部のお金を寄付するわけではないん

チャリティ：
人や動物や環境などを助けるためにお金を集める団体、またはその行為。とくに社会的な救済活動をいう。

だ。予算には、使うお金、貯めるお金、寄付するお金、のすべてが含まれなくてはならない。

人はなぜチャリティにお金を寄付するの？

さまざまな理由があるだろう。人を助けたいから、地域をよくしたいから、もっとよい世界にしたいから、ある問題についてとても心配しているから、いい気持ちになりたいから。その全部が理由の場合もあるだろう。

きみの予算のタイプは？

これこそ理想的な予算の立て方だ、というものはないし、ある人にとってよい予算のプランが、ほかの人にとってもよいとはかぎらない。人によって予算の立て方はそれぞれなんだ。それにはいろいろな理由がある。人によって必要なものはちがうし、使う金額もちがうだろう。目標によって貯金の額も変わってくる。なにを優先するのか、自分が大切に思うのはなにか、などによってもちがってくるんだ。

でも、予算を立てることはだれにとっても必要なんだ。たいていの場合、予算には、使うお金、貯めるお金、寄付するお金が含まれる。つぎの2つのプランを紹介するよ。

30・30・30・10プラン

　もっとも人気のある予算の立て方で、使うお金、貯めるお金（2種類）、寄付するお金の割合を示している。このプランのポイントは、短期的な目標と長期的な目標に沿ってプランが立てられるということなんだ。（おぼえているかな？　短期的目標はすぐに手に入れたいもののことで、長期的目標は1年後とかしばらく後の目標だったね。とても長期的な目標は将来のための目標だ）

　このプランの立て方は、収入（入ってきたお金）の合計を、次の4つにわける。

- 30%：自分のためや家のために使う
- 30%：短期的目標のために貯める
- 30%：長期的目標と、とても長期的な目標のために貯める
- 10%：チャリティに寄付する

　このプランに向いている人は、短期的と長期的の両方の目標のために貯金するから、将来の計画を真剣に立てたい人だ。収入の半分以上（60%）も貯金するのだから、しっかりお金を貯めたい人向けだよ。このプランは、目標に到達する近道ともいえる。短期的、長期的、とても長期的な目標も達成できて、将来きっと満足できるだろう。ずっとこのプランをつづけられれば、一生懸命働いたお金をいっぺんにアイスクリーム屋で使い切って後悔するなんてことも起きないだろうね。

ジャクソン（10歳(さい)）の
30－30－30－10プラン

ぼくはスケートボードがだいすき。ぼく＝スケボ!　でも、ここ何か月間か、友だちみんなが毎週土曜日にレーザータグ（赤外線を発射(はっしゃ)する装置(そうち)を使ったシューティングゲーム）に行くようになった。レーザータグはぼくもすきだけど、1回1000円もかかるんだ。「1000円でたっぷり2時間遊べるから、おとくだよ!」って友だちは言うけど、ぼくはそこまですきじゃない。ぼくがすきなのは、やっぱり

スケートボードだ!

ごめん、しつこかったかな?　だから、ぼくはレーザータグは月に1度にして、毎週は行かないことにした。スケボのホィールがすりへってきたから、新しいのを買うために貯金(ちょきん)しているんだ。サーフィンのレッスン代も貯(た)めている。サーフィンをしているいとこが、「きっときみならサーフィンがすきになるよ」ってすすめてくれたんだ。今年の夏にいとこいっしょに、レッスンを受けるつもりだよ!

ホィール代とサーフィンレッスン代で2万円もかかるんだ!　ぼくにとっては大金だ!!

2万円もためるには、おこづかいだけではむりだよ。だから、おじいさん家で草むしりやゴミ出しのてつだいをしたり、弟の算数の家庭教師(きょうし)をしたり（おこづかいをよぶんにもらえるんだ）、できるだけお金をもらえるようにがんばっているんだ。

そんなとき、おとうさんが、30-30-30-10プランを教えてくれた。お金を貯(た)めるのに役立つ方法(ほうほう)なんだって。ホィール代として30%

を貯金していて、もうすぐ貯まりそうだよ。サーフィンレッスン代のためにも30％貯金していているから、今年の夏にはレッスンが受けられそう！ ホィールとレッスン代に使って、少しお金がのこったら、遠い将来の目標（まだないけど）のために貯金しておくよ。

　あと、30％は友だちとレーザータグに行ったり、とくべつのシェークが出たら食べるんだ。シェークがだいすきだからね。

　あ、それから10％はビーチの野生動物の保護団体に寄付しているんだ。ぼくのだいすきなビーチは、いろいろな動物のすみかでもあるから、動物たちの家を守ってあげなくちゃね！

　というわけで、ぼくは、毎日スケボでごきげんさ！

3分の1プラン

略して3－3プランとよぶこともある。これはシンプルなプランがすき
な人向きだよ。実際とてもかんたん。収入（入ったお金）を3等分するだ
けだからね。

3分の1プランは、お金を3つに分けるだけだよ。

● 3分の1を使う
● 3分の1を貯める
● 3分の1を寄付する

30％も寄付するのだから、チャリティのことを真剣に考えている人に向
いているプランだね。

エラ（13歳）の3分の1プラン

私は動物がだいすき。大きいのも小さいのもみんなすきだけど、
いちばんすきなのはやっぱり犬よ！ おじいさんとおばあさんがる
すの間、バイオレットとペニーという2ひきの犬の世話をたのまれ
たの。すごくうれしかった。ごはんをあげたり、遊んだり、わたし
の部屋で2ひきをねかせたり！ さんぽにつれていくために早起き
するのも、いやじゃなかった。

おじいさんとおばあさんはもう退職しているから、よく旅行に出
かける。犬のせわをすると1週間で5000円はらってくれるの。い
つのまにか、2万円貯まったわ。

お金の使い道はどうしようかと考えて、前からほしかったジーン
ズを買うことにした。ジーンズに合う服も、くつもほしいな…。

　でもある晩、テレビのドキュメンタリー番組で、毎年たくさんの捨てられた犬が殺処分されてしまうことを知ったの。番組を見ていて悲しくなって泣いてしまった。「こういう犬たちを助けることはできないかな」とおかあさんに相談したら、「近所のアニマルシェルターで聞いてみたら」と教えてくれたの。そこでわたしは、犬たちに家をあたえるために、動物愛護協会に寄付することにした。

　新しいジーンズを買わないで、犬たちを助けようと決めたの。かせいだお金をぜんぶ寄付したかったけど、「学校のオーケストラの旅行代のために少し貯金したら」とおかあさんに言われた。「それから友だちと映画に行くような、なにか楽しいことをするためにも、お金をとっておきなさい」って。おかあさんの教えてくれた方法は、3分の1プランっていって、わたしにぴったりだったの。

　3分の1をオーケストラの旅費に、3分の1を友だちと楽しむために、そして、3分の1をアニマルシェルターに寄付しているの。協会はとても感謝してくれて、わたしの写真を壁に貼ってくれたのよ！

　お金は、キッチリ30－30－30－10や、3分の1に分けなくてもいいんだ。これをお手本に自分にあうように少し変えてもいい。3分の1プランを使っていて、新しい自転車がほしくなったら、数か月間だけ自転車用の貯金を増やしたりしてもいい。たとえば30－30－30－10プランの場合、30％を寄付にしてもいい。30－30－20－20と割合を変えてもいいんだ。

　でも、どのプランにも目標が大切だよ。目標は大きな買いものであっても、チャリティであってもいいんだよ。

予算を管理する

　それぞれプランはちがっていても、どのプランも管理が必要なんだ。予算はアイディアではなくて、プランなんだよ。つまり、予算は頭の中にしまっておくアイディアではなくて、しっかり管理しつづけていくものだということ。どうやって管理するのかについて、いくつかの方法を紹介するよ。

封筒に入れる方法

　お金を管理するもっともシンプルな方法を教えよう。用意するのは、封筒3〜4枚とペン1本。それだけだ。

　3分の1プランの場合は、3枚の封筒にそれぞれ、「使うお金」、「貯めるお金」、「寄付するお金」と書いておこう。そしてお金が入るたびに、3分の1ずつを、それぞれの封筒に入れるんだ。

　30－30－30－10プランなら、封筒が4枚必要だね。「使うお金」、「短期的目標のために貯めるお金」、「長期的目標のために貯めるお金」、「寄付するお金」と書いた封筒にお金を分けて入れるんだ＊。

　でも、封筒に入れる方法は、3分の1プランが適している。貯めるお金はぜんぶ1枚の封筒に入れればいいからね。どの目標のためなのかは決めなくてもいい。大切なのは、貯めるお金と、寄付するお金と、使うお金を

分けておく、ということなんだ。こうすればうっかり使いすぎてしまうこともないよね。

＊家計を助ける必要がある人は、「家族のため」と書いた封筒も用意して、収入があったら、いくらかお金を入れるようにしよう。

表にする方法

封筒の方法より少し複雑だよ。収入や支出の種類がいろいろな場合に使うとよい方法だ。たとえば……

●あちこちから収入がある場合　毎週おこづかいをもらったり、週に1度、定期的に放課後おじいさんのおてつだいがあって収入がある場合、どこからどれだけお金が入ったかを理解しておきたい場合。

●経費が決まっている場合　定期的に決まって使う経費がある場合。たとえばスイミングスクールへ行くバス代を自分ではらっていたり、音楽教室の費用を毎月はらっていたりする場合。

●貯蓄の目標がいくつかある場合　たとえば、2週間後に友だちと映画に行くという短期的目標と、かっこいいヘッドホンを買うという目標がある場合。

●いくつかの団体に寄付したい場合　一度に多額を寄付するのではなくて、少しずついろいろな団体やチャリティに寄付したい場合。

表を作って予算をきちんと管理するために、こんなふうにやってみよう。

★紙に自分で表を作って書く

★次ページの表と同じものがP70に出ているから、コピーして使う

★コンピュータのワードやエクセルを使って自分で表を作成する。または「予算管理」「家計簿」と検索すれば、使いやすい無料アプリが見つかるかもしれない

★わたしの予算

今月の収入

収入源	金額	今月の合計
おこづかい	週に 500 円	2000 円
おじいさん家の草むしり	2週間ごとに 1500 円	3000 円
よぶんのおてつだい	今月は 1 回だけ	500 円
今月の収入合計		5500 円

今月使うお金

本	500 円	500 円
すきなことに使う	2000 円	2000 円

今月貯めるお金

短期的目標： ジョギングシューズ	1000 円	1000 円
長期的目標 （まだ未定だけど貯金する）	1200 円	1200 円

今月の寄付

世界災害基金	500 円	500 円
近所の女性シェルター	300 円	300 円
今月の支出合計		5500 円

どの方法でお金の管理をする場合も、大切なのは、一貫性をもたせる、すなわち、いつも同じようにするということ。収入があったら封筒に入れるか、表に書きこもう。わすれないように、ノートやカレンダーに書きこんだり、携帯電話やコンピュータにインプットしておいたりしてもいいね。銀行口座にお金を貯めているのなら、毎週、定期的に親に銀行につれていってもらうか、パソコンでチェックする（109〜110ページ）といいだろう。（銀行については**7**を読んでね）

一貫性：一部を変えたりしないで、いつも同じやりかたで通すこと

予算を立ててお金を管理していれば、横道にそれることはないよ。「使うお金」を2000円と決めたのに、ついうっかり5000円の新しいゲームを買ってしまったりすることもないだろう！　そして、きみはきっと目標に到達できるよ！

★予算プラン

　この表を使って予算プランを立てて管理しよう。お金をもらったり、お金をかせいだりしたときは「収入源」のところに書きこもう。「今月使うお金」のところに何にいくら使うかを書こう。貯金と寄付も68ページを参考に書きこもう。

今月の収入		
収入源	金額	今月の合計
今月の収入合計		
今月使うお金		
今月貯めるお金		
今月の寄付		
今月の支出合計		

お金をかしこく使う

かしこい消費者になる6つのヒント

　お金の達人になるためには、お金をむだにしないことだよね。そんなの、ケチな人のすることでしょって？　いいや、ちがうよ。お金をかしこく使うってことさ。どんな使い方ならかしこくて、どんな使い方はダメなの？　そうだね。⑤では、お金をどう使うかを考えてみよう。そうすれば、きっときみは、かしこい消費者になれるよ。「消費者ってだれのこと」って？　きみも消費者なんだよ。まず、次のクイズに答えて、きみがどれほどかしこい消費者かを見てみよう。（別の紙に答えを書いてね）

クイズ　かしこくお金を使っている？

1. 土曜日に1週間分のおこづかい500円をもらったきみ。お金持ちになった気分だね。「コンビニにおやつを買いにいこう」と友だちにさそわれたけど、友だちはお金をもっていない。きみはどっちをえらぶ？

A. 「まかせて！　500円あるから、
   おごってあげるよ」

B. 「1週間分のおこづかいを1度で
   使っちゃいたくないから、
   家になにかないか、さがしてみるね」

2. きみは、おばあちゃんから誕生日のプレゼントに5000円もらった。わーい！　さっそく前からほしかったキャッチャー・ミットを買いに行った。3800円だと調べてあったから、少しおつりがくるよね。おかあさんといっしょにお店へ行ったら、なんと4500円に値上がりしていた。さあ、きみはどっちをえらぶ？

A. 「しょうがない」と、お金をぜんぶ
   使ってしまう

B. ほかの店の値段もいっしょなのか
   調べてみる。何日かはガマンし
   なくてはならないけど、安いも
   のが見つかるかもしれない。

3. きみは、ゲームのために何週間もおこづかいを貯めてきた。いくらなのかもちゃんと調べてある。でも、お店に行ったら、となりの棚に「特別コレクターズエディション」があるのに気がついた。こっちは1000円高いけど、かっこいいフィギュアがおまけでついてくる。きみのえらぶのはどっち？

A. すぐに特別エディションにとびついてレジへ走る。
そして予定より1000円多く使ってしまう

B. 特別エディションの説明書をよく読んでみると、
フィギュアがついているのではなくて、
申し込んでフィギュアが抽選で当たることに気がつく

クイズの答え

　もう答えがわかっちゃったよ、というきみは、かなりかしこい消費者だね！　そう、答えはぜんぶBだよ。

　全問Bと答えたきみは、お金の達人か、クイズの達人だよ。（どちらも役に立つスキルだ！）　1つか2つAの答えをえらんだ人もいるだろう。なんとなくAかなーと考えたかもしれない。そこで、Aの答えにかくれている買いもののワナについて見てみよう。

消費者：個人的な消費を目的
として、商品やサービス
を買う個人や世帯

買いもののワナにご用心！

クイズの質問	Aと答えたら…	きみはこんな人かも…
1．友だちがおこづかいでおやつを買おうと提案したら？	「まかせてよ！ 500円あるからおごってあげるよ」	…こう答えたきみは、気前がよすぎる消費者だ。一時の楽しみのためにすぐに人におごってしまう人だ。
2．買いたかったキャッチャー・ミットが思ったより700円も高かったら？	「しかたないさ」と、誕生日にもらったお金をぜんぶ使ってしまう	…こう答えたきみは、せっかちな消費者だ。時間をかけて安いものはさがさない人だね。
3．もっと高いゲームの特別版があるのに気がついたら？	特別版をつかんでレジへ走る。予定より1000円多く使ってしまう	…こう答えたきみは、衝動的な消費者だ。よく考えないで買いものをする人だよ。

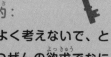

衝動的：

よく考えないで、とつぜんの欲求でなにかをしてしまうこと

　気前がよすぎて、せっかちで、衝動的な消費者になることは、あんがい多いものなんだ。これはよくある買いもののワナなんだよ。そして、目標達成をじゃまするワナでもある。でもね、ワナをさけるのはそれほどむずかしくはないんだ。次のようなアイディアを使えば、かしこい消費者になれるよ。

 　自分がはまりやすいワナがわかれば、かしこいせんたくができるようになるよ。ほかにも、かしこい消費者になるためのヒントが6つあるよ。

消費のワナにはまらない方法

もしきみが…	きみはこんな人かもしれない…	でもこうなれるよ…
気前のよすぎる消費者なら 	…友だちや家族をよろこばせたり、自分をすきになってもらうために、お金を使ってしまうきみ。だれかのためにお金を使うのは楽しいし、友情にまさるものはないからね。	…友だちや家族を大切に思っていることをつたえるには、ほかに方法はある。お金のかからないことをいっしょにするんだ。本当の友だちなら、きみがむだづかいをするのを望んでいないはず。いっしょにすごす時間を大切にして、楽しんで、友情を示そう。
せっかちな消費者なら 	…ほしいと思ったら待てずに、もっと安いところがないかなんて調べず、いちばん近い店や、人気のウェブサイトでぱっと買ってしまうんだね。	…買う前の調査はだいじだよ。1つ以上のお店やサイトで値段をくらべたり、その商品がどのくらいほしいのかも、ちょっと立ち止まって考えてみよう。
きみが衝動的な消費者なら 	…予定していなかったものをつい買ってしまうんだね。そしてあまり必要なかったことに後から気がつく。	…それがほしいと思ったら、「今日1日考えよう。明日になってもまだほしければ、ほかの店もチェックしてみよう」と、自分に言って行動してみよう。これが一度成功すれば、考え方もかわっていくよ。

ヒント1　買う前によく考えて

　お店や映画館やコンビニに行く前に、なにを買うか考えておこう。ネットで買うときも同じだよ。いくら使うか、前もって計画を立てておけば、そうそう予算オーバーはしないだろう。

　大きな物でも小さな物でも、買う前によく調べることだよ。たとえば、ネットでレビューを読んでみよう。見ただけではわからないことも、使った人の感想を聞くとわかるよね。ほかにも、いろいろなお店の値段をくらべたり、ほんとうにそれが必要か、どのくらいほしいのか、考えてみるんだ。高いものほど、慎重になろう。

　もちろん、文房具やおさいふやフィギュアのような安いものでも、調査がたいせつだよ。広告やパッケージをよく見て、商品について調べよう。箱は大きくても、中のおもちゃは思ったより小さいことだってある。それにパッケージに書かれてあるものが全部、箱に入っているとはかぎらないからね。

プラスとマイナスのリストを作ろう

　買いものをするとき、プラス点とマイナス点をリストにしてみるといいよ。なぜ買いたいのかをプラスの欄に書こう。買わないほうがいいと思う理由をマイナスの欄に書くんだ。そうすれば、それをどのくらい買いたいか、ほんとうに必要なものなのかがわかるだろう。

ヒント2　友だちからのプレッシャーに負けないで

　友だちの持っているものって、かっこよく見えるよね。みんなが持っているゲームや、おそろいの最新式イヤホンが買えないと、悲しい気分に

なるかもしれない。友だちに「買いな
よ」とせまられたり、「持ってないな
ら遊べない」なんて言われたら、つら
いよね。同じゲームを持っている友だ
ちだけで楽しそうに話したり、じょう
だんを言い合ったりしていると、取り
のこされた気分にもなる。でも、もし
きみがそのゲームをそれほどすきじゃ

友だちからのプレッシャー：
**同じように考えたり行動し
たりするように、友だちが
きみにせまること**

なかったり、そんなにお金を使ってまで買いたいと思わなかったら（お金
がなくて買えない場合も）、「いいんだ。ぼくはいらないよ」って、どう
どうと言えばいいんだよ。仲間_{なかま}に入るためだけに買わなくていいんだ。

　そうはいっても、友だちからのプレッシャーをはねのけるのは、かんた
んじゃないよね。自分だけ同じものを持っていないと、仲間_{なかま}に入りにくく
なるかもしれない。でもね、流行っていうものはあっというまに変_かわるも
のだよ。ゲームはすぐにあきるし、最新式_{さいしんしき}イヤホンだって、そのうちたい
したことないものになる。みんなのだいすきな「激辛_{げきから}ベーコン味チーズチ
ップス」だって、毎日食べてたらあきるだろ？　いつも自分自身でいれ
ば、流行が去ったあとも、きみはきみでいられるよ。

　みんなと同じものをなぜ買わないのか、理由を考えておこう。「そうい
うものにあまり興味_{きょうみ}がないから」「ほかのものにお金を使いたくて、今
貯_ためているから」「ゲームはすきだけど、同じようなのを持っているか
ら」。理由を考えておけば、「どうして買わないの？」と聞かれたとき
に、答えられるよね。人とちがっていても、自分の考えを言えるきみのこ
とを、友だちはいつか尊敬_{そんけい}してくれるようになるだろう。

ヒント3　広告についてかしこくなろう

　企業は、コマーシャルを使って、洋服、おもちゃ、おかし、いろんなキャラクターグッズなんかを買わせようとする。その商品がいかに人気があるか、わらっちゃうほどおもしろくて、すごくおいしいんだよって、あの手この手でアピールするんだ。

　アメリカの調査では、子どもは1年に2万5000～4万本のTVコマーシャルを見ているそうだ。30秒のコマーシャルなら、1年になんと333時間も見ていることになる！　その時間を宿題にまわせば……成績も上がる、よね？

　コマーシャルでは、爆発的な威力の水でっぽうがすごく楽しそうに見えたり、サイコーにおいしそうな（でも体には悪い）ハンバーガーを食べていたり、ブランド品のスウェットをはいて、みんなが「すてき！」って言っていたり……。とにかく品物がすばらしく見えるようにつくられているよね。だから買いたくなる。それが、コマーシャルの効果なんだよ。

　次のページは、実在しない商品についてのうその広告の例だよ。よくありそうな広告だよね。

　コマーシャルは、商品を売るのが目的だということも、きみにはわかっている。それにきみはかしこい消費者だから、コマーシャルなんかにはひっかからないよね。

コマーシャルの真実

　年間170億円ものお金を使って、子ども向けのコマーシャルを作っているのは、広告にそれだけの効果があるからだ。広告を作る人は、消費者に「ほしい！」と思わせるトリックをいくつも使っているんだよ。「超かっこいいスニーカー」の広告には、こんな3つのトリックがかくされている。

1．いつも楽しそうに見せる　この広告^{こうこく}の女の子はすごく楽しそう。なにも問題はなさそうで、うまくいっているところばかりだね。使い方がわからなくてこまったり、部品がこわれたり、足の親指に豆ができたり、くつがよごれるなんてとこは、まったく出てこない。

2．いいところを大きく強調する　女の子は、だれよりも、そう犬よりも速く走っている。草のしげみも、スーパーマンのように「ビューン」とひとっとび！　コマーシャルでは、このくつをはけば速く走れるとか、もっと高くジャンプできるとは言ってないけど、そう見せているよね。

3．人気者になれると思わせる　子どもは心の奥底^{おくそこ}では、だれでも人気者になりたいと思っていることを企業^{きぎょう}は知っている。だから、ある商品を持っている子をみんながとりかこんで、見たがったり、ほめたりしている場面が出てくる。この広告^{こうこく}では、みんなが女の子といっしょに走りたがっているね。

　こうしたトリックが効果的^{こうかてき}だから、企業^{きぎょう}はお金をかけて広告^{こうこく}を作るんだよ。調査^{ちょうさ}によれば、アメリカの子ども（0～9歳^{さい}）は年間に約^{やく}180億^{おく}円のお金を使うと言われている。10代になると約^{やく}1600億^{おく}円も使うんだ。これでおどろいちゃいけない。家族の買いもの約^{やく}6700億^{おく}円に、子どもが影響^{えいきょう}をあたえていると言われているんだからね。どういうことかというと、家族が使うお金の使い道に、子どもが意見を言っているということだ。なんと、合計でアメリカの子どもが使うお金の総額^{そうがく}は8480億^{おく}円にもなるから、広告^{こうこく}に使われる170億^{おく}円なんてほんのちっぽけなものなんだね。

じゃあどうすればいいの？

　商品があまりにすばらしいと思ったら、要注意だよ。企業は商品を実際以上にすてきに見せる方法を使っているんだ。スニーカーをはいただけで速く走れたり、人気者になったりするはずがないよね。だって、ただのくつだもの！

ソーシャルメディアにご用心

　インスタグラムやスナップチャットのような、ソーシャルメディアのサイト広告にはとくに注意しよう。企業は高い費用を使って、きみのすききらいや、前に買ったものを調べて、興味をもちそうなものの広告を、きみのインスタグラムのページにのせたり、メッセージやメールを送ってくるんだ。商品について偏らないレビューを調べるまでは信用してはいけないよ。

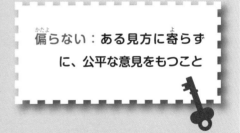

偏らない：ある見方に寄らずに、公平な意見をもつこと

ヒント4　　立ち止まって考えよう

　部屋のすみで反省しなさい！　と言ってるんじゃないよ。大きな買いものをする前に、少し待つ習慣をつけようと言っているんだ。どうしてもほしい！　と急に思ったときは、なおさらだ。

　たとえばスーパーで、おかあさんが食品売り場を見ているあいだに、きみはDVD売り場をうろうろしている。そこできみは、大すきな番組の全編を収めた「箱入り特別セット」が光りかがやいているのを見つけた！「特別セット」にはスポットライトが当たって（いるように見えて）、天使が歌いながら、それを買うようにきみをそそのかしている（ように思える）。全編だけでなく、撮影の裏話やカットされたシーン、出演者のインタビューまで入っている。その時、きみは「これこそがぼくの人生に必要なものだ！」と確信する。「箱入り特別セット」は2500円！　そしてきみはおこづかいを2500円、今持っている！

　こういう場合、とにかくその場から一度、立ち去ってみよう。1日かそこら買うのを待てば、あんなにすてきに思えたものでも、そうでもなくな

ってくるものだ。ぜったいに必要だ！　と思ったものも、べつになくても
いいかな、と思えるようになる。だから少し距離をおいてみるといいん
だ。「箱入り特別セット」を買うのを1日待ってみよう。おかあさんが買
いものをすませるのをてつだって、今日は家へ帰ろう。次に来た時も、商
品はお店にあるだろう。その時、やっぱりとてもほしいと思ったら、買っ
てもいいかもしれない。でも「箱入り特別セット」は前ほどかがやいてい
なくて、天使もとんでいないかもしれない。それに本当に2500円の価値が
ある？（だって、きみはテレビですでに全編を見てしまったんだから）

　何かを買うときに少し待ったほうがいいのには、もうひとつ理由があ
る。それは音楽でも映画でもアプリでも、出はじめのときは高い。少した
てば安くなる。すごく安くなることもあるよ。少し待つだけで、半値で買
えたりするかもしれない。

ヒント5　　ネットの買いものに注意！

　こんなことはない？
　友だちがスマホのゲームを見せてくれた。すごくおもしろそう。きみも
同じゲームを買えば、いっしょにプレイできるという。そこでさっそくき
みは、スマホを取りだして2000円のゲームアプリを購入、すぐにダウンロ
ードしてプレイできるようになった。

　ネットで何かを買うときは、事前に親に聞かなくてはね。それにクレジ
ットカードやデビットカードの番号も入れなくてはならない。親がカード
番号を入れてくれるかもしれないけど、ネットでものを買うときこそ、か
しこい消費者にならなくてはならないよ。お店の買いものと同じように、
前もって調べよう。計画を立てて、友だちからのプレッシャーや宣伝にま
どわされないようにしよう。

　ネットの買いものには、お店の買いものとちがって、落とし穴があるか

もしれないんだ。「買う」のワンクリックは、あまりにもかんたんで速すぎる。クリックする前にどんなアプリやゲームや音楽をダウンロードするのか、よく確認しよう。映画を買ったり、ストリーミングする前に、立ち止まって考えてみよう。一瞬のクリックで、お金はもうもどらないんだからね。

　ゲームやアプリにつけ足したいものがあっても、買う前によく考えよう。オンラインのバトルゲームで何十円かの武器を買えば、パワーアップするかもしれない。でも、1回じゃすまないよね。ペット集めのゲームで、何十円かのエサをちょこちょこ買っていると、つもりつもって大きな金額になってしまうこともよくあることだ。

　それにネットの買いものには送料がかかることもわすれないで。いくら以上買えば送料無料！　という宣伝につられて、必要ないものまで買ってしまうこともある。

　親が登録しているネットのストアを使わせてくれるときや、おじさんが誕生日にくれたギフトカードや、おばさんがゲームアカウントにお金を入れてくれたときも要注意だ。なんとなく実感がなくて、つい使ってしまいたくなるよね。ネットの買いものは、実際にお金をはらっているような気がしないところがこわいんだ。

　ネットの買いものも、お金を使っているんだよ！　使いつづけていると、いつか、アカウントのお金を使い切ってしまって、あとから親のクレジットカードに4000円の請求（親が買ったおぼえのないネット上のペットショップのエサなんかの代金）が来たりして、きみはこまったことになる。だからネットの買いものは十分気をつけて、かしこくなってね。

ヒント6　妖怪自販機にご用心！

　人間は食べなくては生きていけない。そして食べものはそこら中で売っ

ている。コンビニ、自動販売機、映画館、ショッピングモール、公園、プール……。

　食べものが買えない場所を見つけるほうがたいへんなくらいだ。おこづかいでついつい、スナックがしを買ってしまう子も多いだろう。かんたんに買える自販機の前をただ通りすぎるなんてできない。コインをいくつかほうりこめば、チョコ味ミニドーナッツがポロンと出てくる！

　「うーん、うまい！」「そうだ、スポーツドリンクも買おう！」「ポテチもうまそうだなー！」

　そうこうしているうちに、あっというまに600円使ってしまって、栄養のないジャンクフードでおなかはパンパン。これじゃ夕食が食べられなくて親にしかられる！

　きみは、うっかりジャンクフードのワナにはまってしまったわけだ。

さあさあ、どんどん金を入れるんだ、ヒヒヒ

妖怪スナックのワナから身を守る方法

ワナがしかけられている場所	妖怪のワナ
近くのコンビニ 	学校から帰るころはおなかがペコペコ。だから家に帰ったら、すぐに友だちと近くのコンビニで、150円のポテチと100円のソーダを買ってしまう。250円ならたいしたことないさ、と思うかもしれないけど、1週間（5日間）で1250円、ひと月だとなんと、5000円になってしまう！
映画館 	映画を見るならポップコーンがなくっちゃ！ チョコレートもほしいし、のどがかわくから飲みものもね。ポップコーンは500円、チョコレートは250円、飲みものは250円。あっというまに映画代と同じになっちゃった！
帰り道の自動販売機 	サッカーの練習のあと、帰り道の自販機でスポーツドリンクを買うのがたのしみ！ たっぷり運動したんだから、がぶがぶ飲んでもOKだよね？

ワナにかからない対策

放課後におなかがすくのは、あたりまえ！　だったら家に帰ったとき、おにぎりを1こ食べよう。そうすればジャンクフードにお金を使わなくてすむよ。おかあさんに、ヘルシーなおかしや食べものを用意しておいてもらうといいよ。

「それじゃ楽しくない、コンビニ行きたい！」って？　じゃあ、少しずつへらしていこう。まず今週はソーダをやめて、来週はポテチをやめる。木曜日までがまんして、金曜日だけはコンビニによってもいい日にすれば、それだけで月に4000円も節約できるよ！

2つの方法があるよ。1つは、映画に行く前に家でスナックをしっかり食べておく。そして映画館で「おなかはすいてない」と自分に言い聞かせる。(節約したお金で買えるものを想像するのもいいね)

でも、どうしても映画館でスナックを食べたいなら、ポップコーンかチョコレートかどちらかひとつにして、飲みものは持っていこう。友だちとポップコーンを分け合うのもいいね。2人で食べられて、節約もできるよ。

運動のあとはスポーツドリンクより水のほうが体にいいと専門家が言ってるよ。水はタダだしね。

でも、どうしてもスポーツドリンクが飲みたければ、粉を買って家で作ってボトルに入れていこう。自販機のドリンクの何倍も作れて、ずっと安上がりだ。保温ボトルに氷を入れておけば、いつでも冷たいのが飲めるよ。

おやつを買うのは楽しいし、おいしいよね。でもそれって、お金の最悪な使い方なんだ。きっと、きみの家の台所にはヘルシーなおやつがあるだろう。それを食べれば、お金もかからないし、体のためにもなるから一石二鳥だよ。

👁 もし、自分でスナックを買うときでも、ワナがしかけられている３つの場所以外で買うほうが安いということも知っておこう。前のページを参考にして、妖怪スナックからきみのお金を守るんだ！

慎重：よく考えて、注意深く計画を立ててなにかをすること

まったくお金を使うな、と言っているんじゃないよ。お金の使い方に慎重になろうということなんだ。買う前に考えること、どんなものを買うのか（または、買わないのか）がしっかりわかっていること、値段をくらべてみること、そして、それを買うのが本当に自分らしいかどうかを考えることが大事だ。

でも、時には、ちょっとばかげたものにお金を使ってもいいんだよ。ペット集めアプリでネコのおもちゃを買ったり、かっこいいスニーカーを買ったり。ふだんお金をかしこく使っているなら、時どき自分にごほうびを買っていいね。ネコのおもちゃでゲームがぐんと楽しくなるかもしれないし、新しいくつは、きみにすごくにあうかもしれないしね（超人的ジャンプはできないかもしれないけど！）　予算に見合う使い方をすればいいんだ。

きみのお金はどこへ行く？

しっかり考える消費者になろう

　だんだん、お金についてかしこくなってきた？　お金の達人になるのも
そう遠いことではなさそうだね。ここでは、お金を使うときにしっかり考
えることを学ぼう。

　お金を使うことで、どんなことが起こるのかを考えてみる、ということ
だよ。お金を使うことが、自分にとってどんな影響があるかだけでなく、
ほかの人や、世界にあたえる影響まで考えるということ。お金にはそんな
力があるということさ。

　ではまず、次の話を読んで、きみならどっちをえらぶか考えてみよう。

★ ★ ★ きみならどうする？ ★ ★ ★

家族の夏休み

　夏休みの土曜日、家族でどこかに遊びにいくことになった。

　おかあさんは動物園に行こうと言う。おかあさんは動物がすき
で、とくにライオンやトラを見るのがだいすき。ホエザルを見る
と、わらいだすよ。売店で、みんなのすきなかき氷も食べられる。
でも、ぼくは、シロクマを見たくない。２頭が入っているせまいお
りを見ると、なんだかつらくなる。大きなシロクマが小さなプール
を行ったり来たり。もっと広いところに行きたいと思っているにち
がいない。このシロクマのことが気にかかってる。

　妹はプールに行こうと言う。
こんな暑い日には最高（さいこう）だよね。
でも、売店は動物園ほど大きく
ないから、みんなのすきなかき
氷もない。

　そこで、どっち
に行くか、家族で
多数決をとること
になった。

きみはどっちをえらぶ？

1.　　夏になってもう２回もプールに行ったし、動物園のほうが楽
しそうだ。おかあさんがホエザルを見て大わらいするところも
見たいし、シロクマのところに行かなければつらい気持ちにな

らないですむしね。「動物園にしよう！」ときみは言う。

（この答えをえらんだら、P97の１へ進もう）

2.　　　きみはやっぱり、シロクマのことが気になる。でも、シロクマはほんとうに動物園にいると不幸なんだろうか？　そこでネットで調べてみた。すると、きみのように感じ

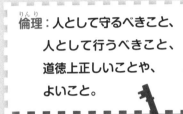

倫理：人として守るべきこと、人として行うべきこと、道徳上正しいことや、よいこと。

ている人が、専門家もふくめてたくさんいることがわかった。最近、動物園は動物によい環境を作る努力をしているけど、シロクマをせまいところに閉じ込めるのは倫理的ではない。動物をあんなふうに扱っているところにお金を使うのはいやだ。やっぱり、プールにしよう！　「日焼け止めクリームを持って出発だ！」

（この答えをえらんだら、P98の２へ進もう）

お金のサイクル

ものを買うということは、次のようなサイクルの一部なんだ。

1．物が作られる
2．物が買われる
3．物が使われる
4．物が捨てられるか、再利用されるか、転売されるか、リサイクルされる

お金を使うのは、こんなサイクルの中なんだね。なんの問題もないこともあるけど、そうでない場合もある。たとえば、物を作る過程で地球や環境に害を及ぼしていたり、それを作っている工場が従業員に対してよくない扱いをしていたり、動物の扱いがひどかったりしていたらどうかな？作り方には問題がなくても、できあがったものが、タバコやジャンクフードのように体によくないものや、リサイクルできないプラスチックのように環境に害になるものだとしたら、どう？　次の例を読んで、どんな結果を引き起こすか（コンシークエンス）を考えてみよう。

● 特大のソーダを注文した。だって、ふつうサイズと10円しかちがわなかったから。でも、量が多すぎて、気持ち悪くなってきた。これって、健康に悪いよね。

● 新しいジーンズを買った。でも、そのブランドは、外国で10歳の子どもたちに不当労働をさせて（しかも月に100円しかはらわない！）作らせていることを知った。知らなかったとはいえ、はらったお金は子どもの不当労働を支援したことになってしまう。

● ファストフード店でチキンバーガーを買った。このチェーン店では、せまいおりにニワトリをぎゅうぎゅうに押しこんで育てている生産者を使っていることがわかった。チキンバーガーを買ったお金は、そんなふうにニワトリを育てるために使われるんだ。

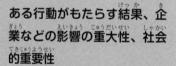

コンシークエンス：
ある行動がもたらす結果、企業などの影響の重大性、社会的重要性

● 新しいヘッドホンを買った。外側の包みをやぶいて、箱からヘッドホンを出して、ヘッドホンを保護しているラップをとって……、ヘッドホンにたどりつくまで、いらない紙や箱がいっぱい出た。中古のヘッドホンなら、こんなにたくさん包装紙にくるまれていないかもしれない……。

イエス　ユーキャン！　きみにも変えられる！

　社会によい影響をあたえるようなお金の使い方は、きみにもできるよ。方法はたくさんある。まず、買うものをへらすこと、社会的責任を果たしている会社から買うこと、そして、できるだけ害を引き起こさないものを買うことだ。

買うものをへらそう

　ただ、少しだけ買うものをへらせばいい。物を買わないと決めるたび、きみは、ほんの少しずつ地球を助けている。作られて使われて捨てられるものを減らす助けをしていることになるんだよ。

　たとえば、ゴムバンドのブレスレット。きみはもう20色持っている。でも、新しい色が出るとほしくなる。きっとにあう！　と思うしね。

　でも、買う前に考えてみて。世界はものすごい数のゴムバンドのブレスレットであふれているし、きみだって20色どれも使っている？　ただ集めているだけ？　使わないものは捨てようと思っていない？

　ところで、ゴムバンドって、リサイクルできないかな？　たとえば、今持っているゴムバンドを何本かより合わせてつけたらどう？　いろんな服にあうし、なかなかおしゃれで、はやるかもしれないよ。なにより、地球のごみを減らすことができてクール！　だ。

　ゴムバンドのブレスレットが悪い商品だと言っているわけじゃないよ。こんなに小さなものでも積もればたまる。食料品のパッケージのようにね。

　なにかを買う前には、自分に問いかけてみよう。「これは本当に必要？」「もう十分あるんじゃない？」「しょっちゅう買う必要があるかな？」ってね。

　買うものを少しへらすだけで、きみは何かを変えることができる。グッジョブ！

中古品を買ってみよう

中古品を買うのも、買うものを減らすことになるよ。中古品が捨てられて埋め立てごみ処理地に行くのをふせぐことにもなる。中古品って、なんだか古いものって感じでいやだなあ、だって？　でも、新品とほとんど変わらないものもたくさんあるよ。ゲームや本や洋服だって、かえって価値があって、かっこいいものもあるんだ。中古品のお店やネットでも調べてみよう。

> **埋め立てごみ処理地：**
>
> ごみを地面の中に埋める処理地のこと。燃やせないごみ、粗大ごみ、ごみ焼却場で出た灰などを埋める。有毒な物質が出たり、温室効果ガスを排出して地球に気候変動を起こす可能性がある。

社会的責任を果たしている会社の物を買おう

「社会的責任を果たしている会社」って、いったいどういうこと？　それは、なるべく人や動物や地球を傷つけないように努力している会社のことだよ。正しいことをしようとする道義心のある会社とも言えるね。

社会的責任を果たしている会社かどうか、ネットで「会社の名前、社会的責任」と検索してみよう。消費者団体などが作っているウェブサイトには、たくさんの会社を調べて、環境や動物や人権を守っているかどうかのリストがのっていたりする。

なにかを買おうと思ったとき、それを作っている会社が、きみにとって

大切な問題をどう考えているかを調べてみよう。そうすれば、きみはもっと知識のある消費者になって、地球や人類や動物の助けになれるんだ。

　具体的にどんなことについて調べればいいだろう？　次のリストは、主な問題をまとめたものだよ。（P105－106にも、コピーして使えるリストがある。調査して書きこんでみよう）

会社をえらぶときのチェック項目

会社は次のような問題について決断をしなくてはならない。

●**人権を守っているか**：子どもに不当労働をさせていないか？　従業員を不衛生や危険な状態で働かせていないか？　給料や保障は正当か？

●**環境を保護しているか**：環境を破壊していないか？　持続可能な方法をとっているか（サステイナブルか？）　地球温暖化の対策をしているか？　環境にやさしい方法で作物を作っているか？　再生可能エネルギーを使っているか？　有毒な廃棄物を捨てたり、森林を破壊していないか？

> **サステイナブル**：環境や地域社会にできるだけ害をあたえない持続可能な方法で製品を作ること

●**動物を虐待していないか**：動物をどのように扱っているか？（劣悪な環境においていないか？　きちんと世話をしているか？）　動物を使った商品テストをしていないか？　動物の生活環境を侵していないか？

●**コミュニティに参加しているか**：こまっている人を助けたり、環境を保護するための団体に寄付をしているか？　社員が

地域社会でボランティア活動をしたり、社会貢献することを奨励しているか？

●どんな政治活動をしているか：会社の社長や経営陣はどの政党や政治家を支持しているか？　特定の政治家に寄付をして、自分の会社に有利になるように法律を変えたり、変えさせないようにしたりしていないか？　どんな法律を、なぜ変えようとさせるのか調べてみよう。

●社会の正義を守っているか：過去に差別やハラスメントの問題を起こしていないか？　法律違反をしていないか？　そうした問題は、会社が道義的でないことを表すものだよ。

　たいていの場合、きみがどこでお金を使うかは、きみ自身と周辺の人たちにしか影響を及ぼさないかもしれない。でも、熱帯雨林を破壊している会社にお金を使わないと決めたなら、きみはきっと今までとはちがう気分になれる。その問題について調べてみることもできる。友だちや家族や先生とも話し合って、みんなにも気づいてもらえる。きみに賛同して、その会社の製品をボイコットするかもしれないね。

　こうした小さな行動がつみ重なって、友だちや町へ、そしてもっと広がっていくこともあるんだ。熱帯雨林を破壊する会社の商品を、多くの子どもたちがボイコットすれば、会社は売り上げが落ちたことに気づくかもしれない。ブログやSNSでみんなが発信すれば、そのうち、その会社にも届くだろう。有名人や、新聞などが問題にすれば、かならず会社は気づくよ。そうすれば、やり方を改めるかもしれないんだ。

ボイコット：ある会社の仕事のやり方に反対して、その商品を買ったり使ったりするのをこばむこと

　きみが強い関心をもっていないのなら、大きな声を上げなくてもいいんだ。自分のお金の使い方で、少しずつ変化を起こすのでも十分なんだよ。

　ところで、夏休みの土曜日のすごし方だけど、きみはどうすることに決めた？

★★★ 結果をみてみよう ★★★

家族の夏休み

1 の結果をえらんだら

　動物園は楽しかったし、おかあさんはホエザルを見て涙が出るほどおおわらいした。きみは2色のシロップのかかったかき氷を食べて大満足。でも、シロクマのおりの前では、やっぱり悲しい気持ちになってしまった。

夜、家に帰ってからも、きみの気持ちはしずんでいる。ネットで調べて、シロクマの環境を改良するまではあの動物園に行かないと、ボイコットしている人がたくさんいることがわかった。ある活動家は、「あの動物園でお金を使うことは、今のままでよいというメッセージを動物園に送ることになる。みんなが動物園でお金を使わないようにすれば、動物園側も気づいて、やり方を変えるだろう」と言っていた。きみは、今日動物園で家族が使った金額を考えて、落ちこんだ。おかあさんと話して、あの動物園をボイコットするか、なにかほかの方法でシロクマを助けられないだろうか、ときみは考えた。

おしまい

2の結果をえらんだら

プールはとても楽しかったけど、妹とプールにもぐったり、泳いだりしているうちに、やっぱり動物園のシロクマのことを思い出してしまった。家に帰ってネットでみつけた「嘆願書」に署名した。「シロクマたちをほかの動物園に移動させるか、今のおりをもっと広げてほしい」という要望だ。次の週、きみは学校で友だちにそのことを話した。すると、その友だちがほかの友だちへ話して、クラスで発表することになった。クラスメートは、「嘆願書」にサインしたいと言いだした。みんなはお金の使い方を今までより注意深く考えるようになって、よい変化を起こす手助けができたと、きみはほこらしい気持ちになった。

おしまい

害をあたえないものを買おう

　環境などにできるだけ害をあたえない商品を買うということは、作る過程だけでなく、製品そのものについても考えるということだよ。飲みものの入ったプラスチック容器は、地球にとても害があるんだ。１人分ずつではなくて、大きな容器に入ったものを買うようにすれば、プラスチックのごみが減るよ。小さなプリンやカップ入りのジュースのように、１人分ずつ包装されているものはえらばないようにしよう。もっとも過剰に包装されているからね。パッケージの大部分は、ゴミ箱にぽいと捨てられてしまう。おもちゃやゲームなどにもむだな包装が多いんだ。

　害をあたえない商品を買うためには、次のガイドラインを参考にしよう。

●動物でテストされている製品は買わないようにする

●オーガニックな物を買う（環境や人体に悪い化学薬品を使っていない
　自然なもの）

●再生紙や再利用されたプラスチックをパッケージに使っているもの
　や、リサイクルできる素材で包装されているもの、できるだけ包装の
　少ないものを買う。

できるだけ地元の食材を買おう

　できるだけ地元で作られている食べものや農作物を買うようにしよう。農場や工場からお店に輸送するための燃料が少なくてすむから、環境にやさしいんだ。地元のものを買うことは、きみの地域社会で働く人たちの雇用や地域の活性化にもつながる。それに地元の食材は新鮮だ。ただ、価格が高いこともあるから、親とも相談しよう。

よく考えて買うってどういうこと？

　注意深い消費者になろうとすると、たくさんの細かいことや問題について考えなくてはならないよね。でもだいじょうぶ。主に2つのことを考えておけばいいんだ。

- ●ポジティブに買う：環境や働く人や買う人にとってよい方法で商品を作っているところから買うこと
- ●ネガティブに買う：きみの価値観に合わないものや、そういう企業が作っているものは買わないこと

　完璧でなくてもだいじょうぶだよ。何かを買うたびに少しの変化は起こせるけど、自分1人だけで世界を変えることはできないからね。だからできるだけ、むりせずにできることをすればいいんだ。それでも十分貢献していることになるよ。

よく考えて寄付しよう

　寄付するときにも注意深く考えよう。きみの大切なお金をどの団体に寄付するか、よく考えるんだ。

　寄付するところを決めるときは、人を助ける団体、動物を助ける団体、環境を保護する団体、のどのタイプにするかをまず決めよう。きみにとってとくに大事なことはなんだろう？

● 人を助ける団体：ガンのような病気の治療や予防のリサーチをしているところや、こまっている人に食事を提供したり、教育活動や緊急時の支援をしている。

● 動物を助ける団体：動物を飼ってくれる人をさがしたり、動物を保護したり、虐待から守ったり、手当をしたり、動物を使った製品テストをしないようにうったえている。

● 環境のための団体：熱帯雨林の保護、公害を減らす法律をつくる活動、木をうえたり、水や空気の汚染を減らす活動や、ほかにも環境を守るための運動をしている。

どのタイプにも、地域や国や国際的な団体がある。たとえば地域社会には、洋服の寄付を集める団体や、水の汚染を防ぐ団体があるだろう。災害が起きた国の人を助けるためのチャリティは国際的に活動している。地元の団体に寄付すれば、効果がすぐに見えるだろう。でも、きみの支援したい問題に取り組んでいるのが、大きな団体だけのこともあるだろう。

具体的な目的を掲げるチャリティに寄付するほうが、効果がよく見える場合もある。大きな環境保護団体に寄付するのはかんたんかもしれないけど、たとえば、「地域の○○湖をきれいにしよう」という団体に寄付するほうが、満足感は得られるかもしれないよね。

どのタイプの団体に寄付したいかが決まったら、具体的にどんな団体があるかを調べよう。もし、環境保護活動をする地域の団体に寄付したいと思ったら、たとえば空気汚染を減らす活動、ゴミを減らす活動、川をきれいにする活動などをしている団体が地域にあるか、ネットで調べてみるといいね。

ホントにあった話

フレディ・ジーラー

　フレディは12歳のとき、アメリカ・カリフォルニア州の山間の自然の美しい小さな町に引っこした。フレディは、近くの州立公園をハイキングして、美しい木や小川や自然を楽しんでいるとき、ごみがたくさん落ちているのに気づいた。そこで、フレディはハイキングにいくときは袋を持っていって、ごみを拾うようにした。

　フレディは、もっとできることはないかと考えるようになった。そして、おこづかいの半分を環境保護団体へ寄付することにしたんだ。それほどたくさんではないけど、ちゃんとした団体に寄付したいと思って、ネットで調べた。それから、直接電話で団体に電話をして質問もしたんだ。「100円の寄付のうち、実際に目的のために使われるのはいくらですか？」ってね。

　調べているうちに、寄付についてたくさんの情報を集められたので、フレディはそれを本にまとめた。『子どものための寄付の本』は、なぜ寄付するのか、寄付する団体をどうやって決めるのか、どう寄付すればいいのか、という３つのことについて書かれている。子どもが寄付できる100以上もの団体についての情報がまとめられているんだ。

寄付する団体をえらぶとき、寄付金のうち、どのくらいが団体の諸経費（運営費）に使われているかをたずねてみるといいよ。目的のために使う額より、団体の運営にかかる諸経費のほうがずっと多い団体もあるんだ。給料、オフィスの家賃、資金集めにかかる費用などが諸経費だよ。

どの程度の諸経費ならいいのか、それを決めるのは寄付するきみ自身だけど、だいたいにおいて諸経費を30％以下におさえているところがいいだろう。寄付の70％ぐらいを、その目的のために使っているところがのぞましいとされているんだ。ガン研究のための団体に1000円寄付するとしたら、700円が実際の研究に、そして300円以下が団体の運営費に使われるというわけだ。

諸経費（運営費）：企業や団体が運営のために使う費用。給料や家賃などが含まれる

★チェックリスト：企業倫理は？

　企業が社会的責任を果たしているかどうか、次の質問を使って調べてみよう。ネットの検索画面に、その企業の名前と、次のうちの一つの質問を打ち込んで、検索してみよう。結果がわかったら、イエスかノーの欄にチェックしよう。図書館のコンピュータを使って調べてもいいね。なかには調べるのがむずかしい問題もあるだろう。大人に助けてもらっても答えがわからなければ、「？」の欄にチェックしよう。きみが調べたい企業に関係のない質問はとばしてもいいんだ。リストの終わりに、大切だと思うことを書いておこう。

企業名：_____

人権について：

子どもに不当な労働させていないか？　　　　　　　□NO　□YES　□？

従業員の環境が不健全で危険でないか？　　　　　　□NO　□YES　□？

従業員の給料と福祉は公平か？　　　　　　　　　　□NO　□YES　□？

環境について：

サステイナブルなやり方をしているか？　　　　　　□NO　□YES　□？

できるだけ公害を出さない努力をしているか？　　　□NO　□YES　□？

地球温暖化が進まないよう努力をしているか？　　　□NO　□YES　□？

環境にやさしい農作物の育て方をしているか？　　　□NO　□YES　□？

再生可能や持続可能なエネルギー源を使っているか？　□NO　□YES　□？

有害な廃棄物を捨てたり、
　　熱帯雨林や自然環境を破壊していないか？　　　□NO　□YES　□？

動物について：

動物を正当に扱っているか？

　　（動物を傷つけず、思いやりをもって扱っているか？）　□NO　□YES　□？

動物を使って製品テストをしているか？　　　　　□NO　□YES　□?

動物の生態圏を侵していないか？　　　　　　　□NO　□YES　□?

コミュニティ参加について：

他者を助けたり、環境を守るために
　　利益の一部を寄付しているか？　　　　　　□NO　□YES　□?

従業員がボランティア活動をしたり、
　　コミュニティに貢献することを奨励しているか？　□NO　□YES　□?

社会正義について：

差別やハラスメントをしたことがないか？　　　□NO　□YES　□?

法律違反をしたことがないか？　　　　　　　　□NO　□YES　□?

政治的支援について：

社長や経営陣はどの政党や政治家を支援しているか？＿＿＿＿＿＿＿＿＿＿＿＿

＿＿＿＿＿＿＿＿＿＿＿＿＿＿＿＿＿＿＿＿＿＿＿＿＿＿＿＿＿＿＿＿＿＿＿＿＿＿

法律を変えたり、あるいは変えないようにするために、
　　特定の政治家に影響をあたえているか？　　□NO　□YES　□?

どの法律か？　なぜだろう？＿＿＿＿＿＿＿＿＿＿＿＿＿＿＿＿＿＿＿＿＿＿＿＿

＿＿＿＿＿＿＿＿＿＿＿＿＿＿＿＿＿＿＿＿＿＿＿＿＿＿＿＿＿＿＿＿＿＿＿＿＿＿

＿＿＿＿＿＿＿＿＿＿＿＿＿＿＿＿＿＿＿＿＿＿＿＿＿＿＿＿＿＿＿＿＿＿＿＿＿＿

ほかに気づいたこと：＿＿＿＿＿＿＿＿＿＿＿＿＿＿＿＿＿＿＿＿＿＿＿＿＿＿

＿＿＿＿＿＿＿＿＿＿＿＿＿＿＿＿＿＿＿＿＿＿＿＿＿＿＿＿＿＿＿＿＿＿＿＿＿＿

＿＿＿＿＿＿＿＿＿＿＿＿＿＿＿＿＿＿＿＿＿＿＿＿＿＿＿＿＿＿＿＿＿＿＿＿＿＿

　　企業についてのリサーチが終わったら、ひとつずつ質問と答えを見直して、その
企業の製品を買ったり、サービスを使ったりしてもいいかどうかを決めよう。

ジリジリジリジリ！

さあ、みんな席について！　お金のべんりなツール（道具）について、授業がはじまるよ。ツールと言っても、大工さんの使うのこぎりやかなづちじゃない。銀行口座やカードのような、お金のかしこい使い方のためのツールだ。いろいろなツールを使って、お金の管理をしたり、効果的に貯金したり、かしこく使う方法をおぼえよう。

それでは1つ目のべんりなツールを紹介しよう。

べんりなツール：預金口座

　銀行の預金口座にお金を入れるということは、銀行にきみのお金を預かってもらうということなんだ。そうすれば使わないで貯められるね。でも、預金口座ってどんな仕組みなのかな？　まず、銀行について説明しよう。

銀行ってなに？

　銀行はなんと4000年も前から、人類のお金の管理を助けてきた！　そのころの銀行は、お金ではなくて、農作物を個人同士が貸し借りしていたんだ。現代の銀行は、個人や会社にお金を貸したり、お金を預かったり、利子をはらったり、外国のお金に換えてくれたり、ほかにもいろいろなことをしてくれるよ。

利子：お金を借りるときの手数料

　銀行の主な仕事は、お金を貸したり借りたりすることなんだ。個人や会社が銀行からお金を借りると、銀行に利子をはらう。利子というのはお金を借りたときの手数料なんだ。利子は、借りた金額の何％かに決められていることが多い。利子が銀行の収入になるんだ。

　でも、ぎゃくに、きみがお金を銀行に預けると、銀行はきみに利子をはらってくれる。銀行口座にお金を入れるというのは、銀行にお金を貸すことになる。だから、銀行からきみは利子を受けとれる。額が多ければ多いほど、そして預けている期間が長ければ長いほど、受けとる利子も多くなる。

普通預金口座

　銀行には、いろいろな種類の口座があるよ。たいていの銀行では、子どもでも口座を開くことができる。親といっしょに行かないとだめだけどね。15歳以上であれば1人で口座を作ることができるよ。最初につくって

みるのには、普通預金口座がいい。普通預金口座にはこんな利点もある。

- ただで口座を開いて利用することができる
- 少額でも開けられる
- 銀行手数料がかからない
- いつでもすきなだけお金を預けることができる
- 利子をもらえる
- 必要なときにお金を引き出すことができる

＊でも、貯金をしようとしているのだから、しょっちゅう引き出さない
　ようにしよう！

　口座を開くと、きみの名前と、きみの番号が記してある「通帳」という
ノートがもらえる。これで、お金の管理ができるんだ。きみが、お金を
出し入れするたびに記帳されて残高がわかるよ。口座にいくら残っている
か、いつでもわかる。利子がついてお金が増えていくのもわかるよ。いつ
もお金を引き出していると、
残高がなくなりそうになるの
もわかるよ！

　ネットでもオンライン・バ
ンキングができるよ。口座を
いっしょに開いてくれた大人
にてつだってもらって、パス
ワードを決めて、銀行のウェ
ブサイトで自分の口座を見て
みよう。コンピュータ、スマ
ホ、タブレットなどから口座
の残高をいつでも調べること

残高：口座に入っているお金の額

オンライン・バンキング：コンピュータを使ってインターネット経由で銀行などの金融機関のサービスを利用すること。預金の残高照会、入出金照会、口座振り込み、振り替えなど、ATMで対応しているサービスが利用できる。

パスワード：銀行口座のような個人情報に関するものを作るときに決める暗証番号で、文字や番号などを組み合わせて作る。

ができる。自分のノートに書いた記録とくらべることもできる。預け入れや引き出しをちゃんと自分でも記録できているか、目標に近づいているかどうか、お金の使い方を変えたほうがよさそうだ、というようなことも考えられるよ。

総合口座

　総合口座にしておくと、普通預金口座と定期預金口座の両方を使える。定期預金口座は、まとまったお金を預けるときにべんりで、普通預金の口座においておくより利子が高いよ。でも、預けて３か月以内は使えないというような決まりが銀行ごとにあるから、たしかめてみてね。すぐに使ってしまわないで、お金を貯めようとする場合には定期預金にしておくといいね。

べんりなツール：デビットカード

　銀行に口座を作るときは、キャッシュカードの種類をえらぶことになるよ。キャッシュカードは、ATMなどを利用して銀行口座のお金を出し入れするために使える。大きく３種類があるよ。

　１、キャッシュカード

　２、デビット機能付きキャッシュカード

　３、クレジット機能付きキャッシュカード

　１のキャッシュカードは、入金、出金の機能だけがついているものだよ。

　２のデビット機能付きキャッシュカードは、デビットカードといって、銀行口座の残高の範囲内で買いものをすることができるカードだ。３のクレジット機能付きキャッシュカードは、クレジットカードとキャッシュカードが一体となったものだ。

　２と３の大きなちがいは、先払い（デビットカード）か、後払い（クレジットカード）かということだよ。基本的に、デビットカードは15歳（16歳）

以上、クレジットカードは18歳にならない
と作れない。

　デビットカードは、裏に磁気ストライ
プがついたプラスチックのカードで、
買いものをすると、お店のカードリーダ
ーという機械がカードの磁気ストライプ
の情報を読みこんで、自動的にその金額
が、きみの口座からしはらわれる。ネッ
トでデビットカードを使うときは、カー
ドの表に印刷されている口座番号を打ちこむんだ。

> デビットカード：銀行が発行す
> るプラスチックのカード
> で、買いものや食事に使え
> る。しはらった金額がすぐ
> 口座から引き落とされるし
> くみになっている

　デビットカードは多くの店やレストランで使える。デビットカードを使
うたびに、きみの口座からしはらい先の口座に、お金が自動的にはらわれ
るんだよ。

そんなにかんたん？

　買いものするときにお金を持っていかなくていいから、デビットカード
の買いものはとってもべんりだね。でも、危険でもあるんだよ。どんなふ
うに危険かだって？　よくぞ聞いてくれました！

あぶない！　使いすぎに気をつけて！

　デビットカードがあれば、とてもかんたんに買いものができる。コンビ二でポテトチップが買いたくなったとしよう。おやつの毎月の予算は決めてあるけど、今日はお金を持ってない。でもだいじょうぶ。デビットカードで買えるからね！　ついでにオレンジジュースも買っちゃおう。口座にはお金があるから問題ないよね？　デビットカードではらえば、すぐおやつが手に入る。ほらほら、こうやってつい使いすぎてしまうんだよ。

　現金ではらわないと、タダでもらったような気がするかもしれない。でも、もちろんタダなんかじゃないよね。お金が目の前で動いていなくても、かくじつにお金のやりとりがされている。同じことなんだ。でも、現金ではらうなら、オレンジジュースまで買わなかったかもしれないね。現金をあつかうときは、消費者は注意深くなるものなんだ。お札や硬貨が、自分の手からはなれていくところを見れば、お金を使っているという実感があるからね。

 あぶない！　銀行手数料がかかることもある！

　口座の残高が買いものの代金に足りるかどうか、コンピュータがチェックして、残高が足りないと、デビットカードが使えないしくみになっている。残高がないと、買いものができないというわけだ。

　でも、ときどきコンピュータのチェックがおくれている場合もある。そうすると問題が起きる！　お店で品物を買えたとしても、きみの口座に残高がなければ、銀行が立て替えてお店にはらうことになるんだ。すると、銀行は代金に立て替えの手数料を足した額を、きみに請求してくるんだよ。きみは、品物+手数料をはらわなくてはならなくなって、あっというまに大きな額になってしまうかもしれない。

カードをATMで使ってみる

　デビットカードがあれば、銀行の窓口に行かなくても、ATM（現金自動預け払い機）で、お金を引き出すことができる。デビットカードを入れて、前もって決めてあるきみの暗証番号を打ちこむと、口座からお金を出したり、お金を振り込んだりすることもできるんだ。残高を調べることもできるよ。

手数料だって！？

　❸では、仕事の報酬について説明したよね。家の庭そうじなどをして報酬（おこづかい）をもらうのはうれしいよね！　でも、銀行に「手数料」という名前の報酬をはらうのはおもしろくないよね？　銀行の手数料（報酬）には、こんなものがあるよ。

　ATMの手数料：ほかの銀行のATMを使って引き出しをすると、手数料をとられるよ。自分の銀行のATMでも、休日や祝日、時間外だと手数料がかかるよ。自分の銀行から同じ銀行に振り込みをする場合、自分の銀行から他の銀行に振り込みをする場合、他の銀行から他の銀行に振り込みをする場合、それぞれ手数料がちがうから調べてみてね。

　貸越利息：口座の残高を超える金額をデビットカードで使ってしまった場合、定期預金があると、貸越（マイナス）、つまり銀行にお金を借りたことになって、利子をとられるよ。使えるからって安心しないで。自分の定期預金が、銀行への利子も加えて減っているんだからね。

　デビットカードをなくした：カードをなくしたら、すぐに銀行に連絡して悪用されないように止めてもらう必要がある。再発行には手数料がかかるよ。

　お金を口座に預けるのは、自分の銀行のATMでしかできないけど、残金を調べたりお金を引き出したりするのは、どの銀行のATMでもできるんだ。でも、ほかの銀行のATMを使うときは手数料がかかる。だから、手数料をはらいたくなければ、きみの口座の銀行が管理しているATMを使えばいいね。手数料がいくらかかるかは、たいていATMに書かれているから、前もって知っておこう。

　ATMでお金を引き出したら、お金の出し入れや残高の記録された振込明細書をもらおう。（振込明細書が必要かどうかをえらぶ画面がでてくるよ）　明細書を自分のノートに貼っておけば記録になるし、お金をむだづかいしなくてすむんじゃないかな。

べんりなツール：プリペイドカード

　プリペイドカードは、銀行口座がなくても使えるカードだよ。プラスチックのカードで、お店の人がカードの磁気ストライプをカードリーダーに通したり、ネットで買いものをするときはカードの番号を打ちこめば買いものができる。デビットカードとのちがいは、銀行口座からお金がしはらわれるのではないということ。プリペイドカードは、前もって金額をチャージしておくものなんだね。

　たとえば「図書カード」は書店で使えるもので、500円、1000円、5000円など、すでにお金がチャージされているものを買う。コンビニや飲食店で使える「QUOカード」、乗車券や回数券、ポイントカードなど、いろいろな種類のものがあって、使える範囲もいろいろだよ。コーヒーショップでも発行されているね。おばあちゃんが図書カードをプレゼントしてくれたら、本屋ですぐに使えるね。

　残高がなくなったら、お店やネットでチャージできるプリペイドカードもあるよ。プリペイドカードはとてもべんりだけど、買うときにけっこう

高い手数料をはらわなくてはならないものもあるから、注意してね。カードによっては、使用期限がある場合もあるよ。

　銀行口座につながっていないから、使いすぎのきけんもないし、銀行の手数料の心配もないよね。プリペイドカードに入っている金額を使ってしまったら、それでおしまいだからね。でもね、こんなきけんもあるんだよ！

　「電子マネー」とよばれるカードもある。「Suica」や「ICOCA」など、タッチするだけで電車に乗れたり、自動販売機でジュースを買えたり、買いものもできるカードが増えてきたね。プリペイドカードの一種なんだけど、タッチ方式で使えるものを「電子マネー」とよんだりするよ。お金の情報をデータとして記録して、運賃や商品のしはらいに使えるようにしてあるんだ。携帯電話やスマートフォンにこの機能がついているものもあるよ。

　電車に乗る時、ここから目的地までいくらと調べなくてもいいから、乗り換えもべんりだね。顔を見せるだけの「顔パスしはらい」ができる「PayPal」というカードもあるね。どんどんこれからも新しい機能のカードがでてきそうだ。

きけん！　プリペイドカードの紛失！

　プリペイドカードをなくしたら、そこに入っているお金ともお別れだよ。見つけた人がだれでも使うことができるんだからね。プリペイドカードを使うときは、身分証明書を見せたり、そのカードが自分のものであることを証明したりする必要はないんだ。

べんりなツール：クレジットカード

　クレジットカードも、デビットカードやプリペイドカードによく似たプラスチックのカードだけど、デビットカードのように自動的に口座からお金がしはらわれるものでも、プリペイドカードのように前もってお金を入れておかなくてはならないものでもない。クレジットカードで買いものをするときは、クレジットカードの会社がいったん立て替えてはらってくれるという仕組みなんだ。

個人情報・暗証番号をしっかり守る！

　ネットで買いものをするときは、個人情報を守ることが大切だよ。きみの口座の情報がほかの人の手にわたったら、きみのお金を使われてしまうかもしれない。きみの個人番号が盗まれたら、ネット上で、きみになりすまして、きみの名義のクレジットカードを作ったり、ローンを作ったり、買いものをしたりすることだってできるかもしれない。

　自分の個人情報を守って安全に買いものをするためには、ウェブサイトのアドレスがhttps://で始まるサイトをえらぶといい。httpsのsは、セキュリティを意味していて、ハッキングされないようになっている。それから、人にわかりにくいパスワードにして、パスワードは親以外はだれにも教えないこと。親友にもね。それは当然の決まりなんだよ。パスワードをしょっちゅう変えるのもいい方法だよ。ただし、忘れないように！　もし、ネットでだれかに個人情報をたずねられたら、たとえそれが名前だけであっても、親に相談して安全をたしかめないかぎり、答えてはダメ！　ほんとうに注意が必要なんだよ！

それって、もしかしてタダ？　ラッキー！？　そんなわけないよね。ク
レジットカードを作るときは、クレジットカード会社や銀行が立て替えた
お金をかならず返す、という契約書に署名しなくてはならない。すきな時
に使える銀行のローンのようなものなんだ。請求書が来て1か月以内にし
はらわないと、利子をはらわなければならなくなる。クレジットカードの
利子はとても高いんだ。だから、クレジットカードの使いすぎは、本当に
きけんなんだよ。きみはまだ使えないかもしれないけど、使えるようにな
ったら、これだけは知っておいてね。

⚠ きけん！ ミニマム・ペイメント（最小返済義務額）にご用心！

　クレジットカードには、リボルビング払い（リボ払い・定額返済方式）
と、加えてミニマム・ペイメント（最小返済義務額）といった設定がある
ことを知っておいて。ミニマム・ペイメントが設定されていると、その
月の残高に応じて、とりあえず少額だけをはらえばいいシステムなんだけ
ど、この方法の危いところは、使った金額を少しずつはらっていくと、な
かなかはらい終わらなくて、その間に利子や手数料がどんどん増えるとい
うことなんだ。たとえば5000円のコートを買ったとする。カードの請求書
には、最小返済義務額800円と書いてある。ラッキー！　きみはよろこんで
800円だけはらう。でも、次の月の請求書は、4200円ではないんだよ。カー
ド会社が4200円の残額に利子を加えた額、たとえば4400円になっているん
だ。もし毎月、最小返済義務額だけをはらっていったら、はらい終わるま
でに5000円だったセーターは7000円になってしまうかもしれない。
　リボ払いは、「支払いを先のばしにすれば、利息手数料をむしり取られ
る」と考えておけばいい。カード会社はそれでかせいでいるんだよ。
　クレジットカードによっては、年会費がかかるものもあるよ。それによ
ってサービスの度合いもかわってくる。カードを何枚も持っていると、年

会費もばかにならないね。会費をはらっているぶん得をしているか、考えてみたほうがいい。ポイントがつくカードなら、そのポイントを利用すると得になる場合もある。

　ここまで説明してきて、きみもわかってきたと思うけれど、クレジットカードを持つのには、大きな責任がともなうんだ。その責任を果たす準備ができていると思ったら、カードを持てる年齢になったら作ってみるといいね。そのカードについて、しはらいや利子の決まりを調べよう。親に相談して、自分に適したクレジットカードをえらぶといいだろう。カードは実際にお金が見えないから、カードを持つまでに、じっくり実際のお金でお金の使い方を身につけておいてね。

こんなお金もあるよ

●地域通貨

　日本の法律で決められた正式なお金ではないけれど、ある地域や商店街の中でだけ使うことのできる通貨を地域通貨という。日本の各地でも、いろいろな地域通貨が発行されているよ。名前もいろいろだ。地域通貨の目的は、地域の商品を地域の人が買うことで地域の経済を活発にしたり、地域の人どうしのむすびつきを強くしたりするために使われる。だから、貯めても利子はつかなかったり、使う期限がきめられているものが多い。形も、実際に紙のお札になっているものや、通帳に記入していくタイプなどさまざまだ。日本には数百、世界には数千の地域通貨があるといわれているよ。じっさいにどう使うかというと、たとえば、ひとりぐらしのお年よりが地域通貨を買って、近所の人に病院への送り迎えをしてもらう。すると、そのおてつだいをした人は、もらった地域通貨で、今度は自分の庭の植木のせいりをたのむ。こんなふうに、地域でみとめられた通貨なら、身近に助け合ったり、得意な仕事を提供しあったりができる。また、商店街

の八百屋やコーヒー店で地域通貨を使えるようにして、地域通貨で自分のお気にいりの商品を買って応援することができる。自分にできること、自分が役に立つことで、地域通貨を貯めて、自分がこまっていること、自分がやりたいことに使えるというわけだ。きみの住んでいる地域に、地域通貨があるかどうか、どんなふうに使われているか調べてみよう。

●仮想通貨

　仮想通貨とは、実際には存在しない通貨で、もともとゲームの中で通貨として親しまれてきたものだ。なかでもビットコインが有名だね。インターネットを通じて、不特定多数の間で、物品やサービスの対価に使用できて、種類は1500種類以上あるといわれている。銀行や国とは関係なくて、取引所というところで、円を自分のすきな仮想通貨に両替して使う。仮想通貨はP2P（peer to peer）という通信技術で行われていて、送信先と受信先でやりとりが分散型台帳（ブロックチェーン）に記録される。このデータは改ざんができない上に、すべて公開されているから、「だれが、だれと、いつ、どこで、なにを食べたか」まで、みんなで監視できる上に、その様子を全員がメモ帳に書き残しているようなものだ。このブロックチェーン技術で、仮想通貨は「安全で不正ができない、信頼できるお金」として認められ、価値が上がってはきたが問題がないわけではない。また、仮想通貨にはいろいろな使い方があるけれど、今はみんなが試しているさいちゅうで、未来にどんな通貨になっていくのか、まださだまっていない。興味のあるきみは、調べてみよう。

8 きみとお金の将来を占ってみよう

貯蓄や投資について

　さあ、きみの将来を占ってみよう。明かりをけして、魔法のガラス玉をのぞいてみよう。よく見て。何が見えた？　きみは幸せ？　お金の達人になって、安定した満足なくらしをしている？

　え、魔法のガラス玉なんて持ってないよって？　それじゃあ、将来をのぞくのはむりだね、ざんねん！

　ほんとうは、だれにも将来のことはわからないんだ。でもね、きみは準備をすることはできる。この本でたどってきたように、目標を見つける、そのために努力する、そんな先に、きみの将来はあるんだ。お金は、ぜんぶ使わずに貯めれば増えていくね。これは、魔法じゃないよ、かんたんな計算だよ！

❷で、目標をいろいろ考えたよね。長期の目標もあっただろう。なんだって？　「ホログラムでコンサートを見ながら海の上をとびたい」。そんなむちゃな目標もあるかもしれないけど、大学に行きたいとか、車を買いたい、とかいう現実的な目標もあったよね。ハワイに別荘を買う、という大きな目標もあるのかな。目標をなしとげるには、貯金がとても大切なんだ。長期の目標がまだ決まらない人も、いつかはきっと見つかるよ。だから、今からお金を貯めはじめよう。

それに将来におこるかもしれない緊急事態のためにも、貯蓄があると助かるよ。子どものときは、こまったことがあったら家族が助けてくれるけど、大人になったらそうはいかない。災害や事故がおきたり、高価なものが必要になったときのために、お金を貯めておくのはかしこいことなんだ。十分な貯金があれば、車がこわれたときの修理代もはらえるし、もし、仕事を失ってもあせらないでくらせるよ。

さっそくはじめよう

　将来にそなえるよい方法は、定期預金口座にお金を入れることだよ（110ページ）。銀行によって利子がちがうから、いちばん利子の高いところをえらぶといいね。早くはじめればはじめるほど、長いあいだ利子がつくからお金が貯まるよ。利子には、単利と複利がある。

単利

　単利は、はじめに預けた元金に対して、1年に1回、利子がつくもの。2万円を定期預金口座に預けて、利子が1%だとしたら、1年後には1%、すなわち200円の利子がついて、20200円になる。（2万円×1%＝200円）　そのまま次の年も預けておけば、また元金の1%、すなわちまた200円の利子がつくので、2年後には2万400円になるという具合だ。

　かんたんな計算だから、単利っていうんだ。でも単利より多く使われているのが複利だ。こっちはもっと複雑だよ。

複利

　複利のほうが単利よりずっとお金が貯まりやすい。だから将来のために貯金するなら、こちらのほうがいい。複利は、もともと預けた金額だけでなく、元金についた利子についてもまた利子がつくんだ。定期預金はたいがい複利で、1年に1度利子がつく。どういう意味かというと、1年に1度、きみの口座に1年分の利子がつき、次の年には元金と利子を合わせた新しい合計額に対して、さらに利子がつくんだ。

　さっきと同じ例で考えてみよう。複利で1年に1%利子がつく定期預金口座に、2万円預けたとしよう。1年目は単利と同じで200円の利子がつくから、合計額は20200円。でも次の年には、2万200円に対して1%の利子がつくから、2円よぶんに利子がついて、合計額は20402円。

20000円	→	元金
200円	→	1年目の利子
202円	→	2年目の利子
20402円	→	2年後の合計額

　2年ではそれほど大きな差がないように思えるかもしれないけど、元金を増やしていけば、合計額はもっと大きくなるよ。それに利子ももっと増える。口座にお金を入れれば入れるほど、お金が増えるんだ。加えつづけてどんどん増やしていこう。時どき少しずつ足すだけでも、将来大きなちがいがでるよ。

元金：
口座に入れる金額。
利子は元金ではない。

　ほかに、投資というのも、お金を貯めたり、増やしたりする方法のひとつだ。P125-132でくわしく説明するよ。その前に、次の話を読んで、きみならどっちをえらぶか考えてみて。

★ ★ ★ きみならどうする？ ★ ★ ★

かしこい投資

　お誕生日におばあちゃんから5000円もらった。今きみが持っているお金と合わせると、1万円になる。いつか大金持ちになりたいというぐらいしか、きみにはまだ目標がない。定期預金に入れても1％の利子しかつかないから、複利にしてもなかなかもうからないし、大金持ちになる道のりは遠いな……。

きみは貯金するのをやめにして言った。「おばあちゃん、ありがとう！ このお金でたくさんガムボールを買って、ビニールプールいっぱいにして友だちとパーティをするよ！」

「おやおや、貯金するんじゃなかったのかい？」

「うん、でも、今楽しんだほうがいいや」

　きみは、お金が増えるまでには時間がかかりそうだからねと、おばあちゃんに説明した。

　するとおばあちゃんは、

「ちょっと待って！ 1万円を銀行に預けて、そのままほうっておくわけではないんだよ。少しずつ元金を足していけば、もっと早くお金が増えるよ。それに、もし興味があれば、おばあちゃんがてつだってあげるから投資をしてみるかい？」

「投資ってなあに？」

「普通の定期預金口座ではなくて、特別の口座にお金を預けると、もっと増やせるかもしれないんだ」

きみはどっちをえらぶ?

1. ガムボールでプールをいっぱいにしてパーティをするほうがいいな。もしかしたら「増やせるかもしれない」のではね。そんなに貯金でお金が増えるなんて、ありえないよ！（この答えをえらんだら、P130の1番へ進もう）

2. おばあちゃんを信じて、いろいろな投資の方法について教えてもらうことにした。（この答えをえらんだら、P131の2番へ進もう）

お金の投資とは

　投資をすれば、定期預金口座に入れておくより、もっとお金を増やせるかもしれない。でも、投資はたいてい長期的で、何年かたたないとお金が増えたかどうかわからないんだ。それに、投資したお金が減ったり、なくなってしまう可能性もある。

　投資をするときは、次の3つのことを考えて決めよう。

● 安全度：お金が増えずに、減ってしまう可能性はどのくらいか？

● アクセス（流動性）：投資からお金を引き出すこと、すなわち現金に換えることがたやすいかどうか？

● ROI（投資対効果）：どのくらいお金を増やすことができるか？

流動性：かんたんにお金に換えられるかどうか

投資はリスクが高いほどリターンが大きいことが多い。安全な投資は、リターンは大きくないけど、その名のとおり安全だ。

次のような投資について知っておこう。

国債

国債を買うということは、政府にお金を貸し、その証拠に借用証書を受けとることになる。返済するまでの間、半年ごとに政府が利子をはらってくれるんだ。3年、5年、10年と期間が決められていて、期間が終わると記載された額のお金はかならずもどってくる。個人向けの国債は、銀行や証券会社で買うことができる。国が相手だから安定しているし、利子もつく。でも、国が借りたお金を返済できないっていう可能性もゼロではない。

安全度：★★★★★　政府によって保障されているので安全な投資だ。

アクセス：★★★★★　1年以上たてば現金にできるが、長い間、利子を増やしつづけるもの。

ROI：★★　安全な代わりに、利子はあまり高くない。

株

株券を買うと、ある会社に出資するということになる。きみはその会社のオーナーの1人になれるんだ。（ほんの少しだけどね）　会社の決定事項には口出しはできないけど（ものすごくたくさん株を持っていれば別だけど）、会社がもうかれば、株の価格が上がる。もちろん、会社が損失を出せば、株の価格が下がるけどね。

たとえばきみが、「超かっこいいスニーカー社」の株を10株買ったとしよう。1株が1000円だとすると、10株で1万円（1000円×10株＝10000円）　会社の経営がうまくいけば、きみの株の価値は上がる。6か月後には1200円になっているかもしれない。すると、10株で12000円の価値があるから、そのとき売れば、2000円得することになるね。

安全度：★★　国債のように保障されていないから、危険！　長い目で見て会社がもうかるかどうか、一種のギャンブルのようなものだ。

アクセス：★★★★★　いつでもすきな時に売れる。その時の株の価格で売るので、株価が上がっていればもうかるし、下がっていれば損をする。

ROI：★★　株はあっというまに高くなったり低くなったりするので、ROIの予測ができない。だいたいの株はゆっくり少しずつ上がることが多いが、保証はない。

ユーコと株

　わたしの名前はユーコ。高校生から、アイスクリーム屋でアルバイトをはじめたの。はじめてのお給料は20000円で、ちょっとがっかりしたけど、そのうち1000円をホームレスの子どもを助けるチャリティに寄付した。19000円、手元にのこった。

　お金を貯めるのにはとても時間がかかるしね、って、わたしがぶつぶつ言っているのを聞いたおにいちゃんが、「これ見てみなよ」って、投資についてのビデオを見せてくれた。投資を使って貯金を増やす方法を勉強しているんだって。ビデオはとてもおもしろくて私は夢中になった。

　ビデオに、ネットで株のことを調べる方法が出てきたの。わたしは、まずはじめに、その会社の経営状態がいいかどうか、今まで株が上がってきたかどうか、などについて調べた。そして、親にてつだってもらって、自分が働いているアイスクリーム屋の株を買ってみたの。でもね、買ってすぐに株は下がりはじめた！　1週間ぐらい下がりつづけたけど、パニックしないようにこらえた。

ビデオでも、株は長期の投資だから、しんぼう強く待たなくては
いけないって言ってたからね。株が下がって気分が悪かったけど、
じっとがまんした。するとそのうち、株が上がりはじめたの！　買
ったときとほぼ同じ価格まで上がったから、これからは上がるの
を待つだけ。

　わたしはほかの株にも投資した。買うときはいつもまずネット
で調べた。いつか、定期的にお金をもうけられるようになりたい
けど、それまでは、しんぼうとリサーチが大事ね。株の投資が将
来、大学の学費の足しになればいいな。

投資信託（ファンド）

　複数の投資家のお金を集めて大きな額にして、まとめていろいろな投資をすること。ファンドマネージャーとよばれる専門家が、みんなのお金を管理して、利益や利子が得られるように考えて投資・運営して、もうかったお金を配分するシステム。国内外の公社債（国債、地方債、政保債、社債等）や株、不動産、短期金融商品を中心に運用し、リスクを少なくして、安定した運用収益の確保を目指すので、定期預金より利回りが高いこともある。

　このうち、指標に連動して機械的にえらんで買う方式を「インデックスファンド」といい、手数料も安い。

安全度：★★★　保障されていないので、国債より危険ではあるけど、経験豊富な専門家が管理し、かしこい選択をして、利益を得られるようにしてくれる。分散して投資するので、より安全なんだ。

> **分散**：投資するお金を、いくつもの違うタイプの投資に分けて入れること。投資を分散させると全体のリスクが下がる。

アクセス：★★★★　いつでもお金を引き出すことができる。引き出すときの価格は買ったときの価格ではなくて、引き出す日の価格なので、もうかることも損をすることもある。

ROI：★★★　株と同じように、上下するので予測がむずかしい。でも株とちがってファンドマネージャーという専門家が、できるだけリターンの大きい投資をするように心がけてくれる。

収集品

　読んで字のごとし、何かを集めるということだよ。品物を買って、長い間持ちつづけて、価値が上がったら売る。めずらしい切手やコイン、漫画本やフィギュアやアート作品などを集める人がいるよ。

安全度：★★　値段が上がるという保障はない。上がったとしても買ってくれる人が見つかるかどうかもわからない。価値が安定しないから、危険な投資と言えるだろう。

アクセス：★　収集品には流動性がない。だれかに買ってもらわないとお金に換えることができないから、売れなければ持ちつづけるしかないんだ。

ROI：★★　ゆっくり価値があがるものだから、売ってお金にするまでには、何年もかかるかもしれないよ。

★★★　結果を見てみよう　★★★

かしこい投資

1番をえらんだら

「おばあちゃん、ぼく、まだ子どもだから何十年も待てないよ。今すぐ楽しみたいんだ」

そう言ったきみは、プールいっぱいのガムボールを買って、友だち二人をよんでパーティをした。最高のガムボール・パーティ！ビニールプールにとびこんで、口いっぱいにガムをほおばる！　ヤッホー！！　サイコー！　夜になっても、友だちといっしょにゲームをしたり映画を見たりしながら、ガムをかみつづけた。でも、ガムの食べすぎで、みんな気持ち悪くなってしまった。朝起きたら、髪にガムがこびりついてたしね。それでも、すごく楽しかったから、またいつかやりたいな。

きみがシーツにくっついたガムをあらっていると、おばあちゃんがやってきて「お金はいくらのこっているの？」と聞いた。

えーっと、おさいふをのぞいてみると、940円しかのこっていない。

「楽しい誕生日でよかったね」とおばあちゃん。

　パーティは楽しかったよね。でも、きのうはいっぱい入っていたのに、今日はほとんど空っぽになったおさいふを見たら、別の意味で気分わるくなっちゃった。

おしまい

２番をえらんだら

　「うん、おばあちゃん、ぼくも投資をしてみたいな」

　おばあちゃんは、さっそくノートパソコンを開いて、持っている株や国債やファンドを見せてくれたよ。おまえにもこういう投資ができるんだって。

　個人の国債は１万円から買えるんだって。でもぼくは親にてつだってもらって、おばあちゃんが持っているのと同じ株に、5000円投資することにした。これからしばらくの間、ときどきおばあちゃんといっしょに、株の値段の動きをチェックするんだ。こんなふうにすごすのは楽しいし、株が上がればうれしいよね！　それから毎年お誕生日に、株を買っていったら、５年後に25000円にもなったんだ。そこで２万円を売って、国債を買ってみることにしたんだ。

　お誕生日にガムボール・パーティでなく、友だちをよんでパーティをしたよ。おばあちゃんが、コーラフロートを作ってくれて、みんなで夜おそくまで映画を見て楽しんだ。ガムボール・パーティほどではないけど、十分楽しかったし、将来のために投資したのは、とてもいい気分だ。

おしまい

自分にとってベストな投資をえらぼう

　投資にはリスクがともなって、お金の一部や全部をなくしてしまうこともある。そうならないためには、いろいろな投資に分散するのがよい方法なんだ。これは、ちがう種類に分けて投資するということだよ。投資信託もそういう考えではじまったんだ。かしこい投資家は、定期預金口座、国債、株、投資信託などに分けて投資しているよ。少しリスクがある投資はROIが高いし、安全な投資はあまり損をすることがないだろう。

　山のイラストを見てみよう。いろいろな投資のリスクとリターンが書かれているよ。一番下のリスクもリターンも少ない投資は、どっしり安定した大きな基礎だよ。山の上に行くほどリターンも大きいけど、危険度もアップ。だから、上のほうに投資するときは、まず山の下のほうをしっかり固めておくことだよ。それにリスクがあることをわすれないで。それでもいいと思ったら、山の上のほうの投資をえらべばいいんだ。山の上の高いリターンは魅力的だけど、お金を失ってしまうかもしれない。それをくれぐれもわすれないでね！

投資ごっこ（シミュレーション）してみるのも、投資について学ぶよい方法だね。100万円持っていると仮定して、どんな投資をしたらいいかを決めて、1年間その投資がどうなるかを追っていこう。情報はネットで得られるし、わからないことは大人に聞こう。

135ページの用紙を使って、きみのシミュレーション（投資ごっこ）をしてみよう。

お金の達人のかしこい未来

この本で、お金についていろいろな情報や方法を知ることができたね。予算を立てることからクレジットカードの使い方まで、いろいろなツールも習った。お金を使うときは、注意深くよく考えること。それに投資の方法も学んだね。

子どものうちは、クレジットカードも持っていないし、お給料ももらってないし、株や信託への投資もまだやっていないだろう。それにたくさんのお金を持っているわけでもないよね。

でも、大金を持っていなくてもお金の達人にはなれるよ。この本の目的は、きみをお金持ちにすることではないんだ。きみが将来、お金について重要な決断ができるように、目標を決めて、お金をかせいで、正しい使い方をして、寄付したり貯蓄したり、投資したりする方法を学ぶのが目的なんだ。お金の判断には、きみの人間性があらわれるんだよ。

かしこい判断ができれば、きみは自分に誇りがもてるし、安定した幸せな人生を送ることができるだろう。でもお金を使ったり（むだなことに使ったり）するゆうわくはいつもあるよね。お金を使うときは注意深くよく考えよう。でも、わすれないで！　ときどきは自分の楽しみのために使っていいんだよ。新しい本やTシャツでしあわせな気持ちになれるなら、それもとてもたいせつなことだよ！　おやつばかり買って、ぜんぜん貯金を

しないというのはこまるけどね。お金をかしこく使えば、きみは将来ハッピーになれるよ。

　お金の達人になるということは、いつも自分の将来について頭のすみっこで考えておくということさ。楽しみながらかしこくなればいいんだ。だれだって楽しい人生を送りたいからね！

めざせ！
お金の達人
きみの
将来のために

BY チャリブー

★投資シミュレーションをしてみよう

　投資のシミュレーションをしてみよう。いくつかのタイプでやってみよう。下の表の一番左の欄に、どんな投資をしたのか、次の欄にいくら投資したのかを書き入れて、始める日も書いておこう。

　それから、3か月ごとにきみの投資がどう変わったかを調べるんだ。1年間つづけるのが理想的だよ。本当の投資のように、投資シミュレーションも長期間やりつづけるのがいいんだ。利益や損失は、ネットで調べればわかるだろう。大人に助けてもらってもいいね。1年たったら、きみの投資のお金がふえたか、へったかを計算してみよう。もし本当に投資することになったときにも、この表は使えるよ。

開始日_____

投資名	投資した額	3か月後の価値	6か月後の価値	9か月後の価値	12か月後の価値	利益・損失
利益・損失の合計						

さくいん

あ

か

た

＊さくいんには、その言葉を調べるときに役立つ掲載ページをのせました。
　掲載ページ全てはのせていません。

訳者あとがき　日本のみなさんへ

　私はアメリカに移住して40年になります。日本から来た当初は買い物や支払いの方法が違うので往生しました。アメリカでは銀行で口座を開くと、だれでも小切手帳を持つようになります。最近までは食料品の買い物、電気代、ガス代、水道代などの支払いを小切手で行なうのが主流でした。小切手の書き方が難しく、書き損じては破って書き直すこともよくありました。昨年スウェーデンとノルウェーを旅したら、これらの国ではほとんど現金を使わないのに驚きました！　コンビニでペットボトル１本買うにも、駅のロッカーや有料トイレを使うときも、すべてカード決済で、２週間の旅行中、一度も換金することはありませんでした。

　このようにお金の使い方は国によっても違いますが、時代によって大きく変化しています。米国経済教育協議会によれば、アメリカではミレニアム世代の10人に４人が借金に苦しんでいると言います。また、大学生のなんと75％がクレジットカードの延滞料についての知識がないという、驚くような統計もあります。そこで最近では、幼稚園から高校までの授業にパーソナル・ファイナンス（自分の財務管理）の勉強の必要性が認められ、45の州が実践するようになりました。小・中学生にとっても「お金の達人」になる教育はとても大切なのです。

　そんなアメリカですが、学校や地域社会で資金集めのイベントはよく見かけます。何かと言えば高校の駐車場にカーウォッシュのスタンドが立ち、チアリーダーたちが洗車する車を呼び込んでいます。カリフォルニア州が公立学校の音楽とアートの授業の予算を削ったとき、保護者会や生徒たちが雑誌やクッキーを売って、教師のお給料を捻出したこともあります。日本とは法律がちがうので、アメリカの子どもは小さいころから、家の前でレモネードやクッキーを売ったり、近所のドアを叩いて「訪問販売」をしたりして、お金を自分で稼ぐことを実践できます。子どもがこうした活動でお金を得ることを、親や周囲はほほえましく見ています。

　さて金融リテラシー教育ですが、アメリカでは21世紀に必要なスキルの１つと考えられ、「目先の欲求をがまんすること」、「自分の価値観を知ること」、「友だちからのプレッシャーに負けないこと」、「自尊感情を向上させること」といった社会感情的（ソーシャル・エモーショナル）なスキルも育てると考えられています。子どもたちは、金融リテラシーのスキルを身につけることで、「誠実さ」、「良き市民としての言動」、「寛容さ」、「責任感」といった特質も育てていくというのです。そう考えるとお金について学ぶことは、子どもたちが社会に出て生きていく上でたいへん重要なことだと実感できるのではないでしょうか。

　本書には、子どもにできるお金の作り方や貯め方がユーモアを交えて実践的に書かれています。たとえば「短期的」「長期的」「とても長期的」な目標を立てることには、自分がどう生きていくかを考える大切さが含まれていますし、おこづかいを上げてもらう方法には親とのコミュニケーションや生活を見直すこと、フリーマーケットで物を売る方法には計画から後片付けまでなしとげること、ほかにもビジネスプランの立て方や投資のシミュレーション、寄付の仕方や会社の企業倫理を調べるといったことにもしっかり触れています。これからの社会を担う子どもたちに、ぜひ知って、身につけてほしいことばかりです。

　また、原書でもネットで公開されている「教師や指導者向けのガイドブック」を、子どもの未来社のホームページで活用できます＊。各章毎に学びやディスカッションのポイント、アクティビティについて載っていますので、先生方や保護者の皆さん方にもぜひご活用いただければと思います。

　実は私はお金のことは苦手でした。貯金をするのも予算を立てるのもヘタクソなのです。この本を翻訳したおかげで、だれよりも恩恵を受けたのは私自身かもしれません。そうです、お子さんといっしょに親や教師であるあなたも、この本でもう一度お金について学ぶことができるのです。

　　　　　　　　　　　　　　　　　　　　　　　　　上田勢子

著者について

エリック・ブラウン（Eric Braun）：ライター、編集者、サイクリスト、パンク音楽愛好家、そして大の野球ファン。子どもや大人のための物語やノンフィクションを執筆している。「McKnight Fellowship」などの受賞も多い。大学で英語を専攻し、クリエイティブ・ライティングの修士号を持つ。ミネソタ州ミネアポリスに、本書の共著者の妻と2人の息子と住んでいる。

サンディ・ドノバン（Sandy Donovan）：ライター。子ども向けに、お金や経済、歴史、科学、ポップスターなどの本、大人向けには、キャリアプラン、教育、仕事の本などがある。執筆していないときは、雑誌を読んだり、ジョギングしたり、息子たちの野球を観戦。アメリカ連邦政府の労働省の政策分析とウェブサイト作りも担当。ジャーナリズムで学士号、公共政策で修士号を持つ。

＊本書の「教師や指導者向けガイド」は、子どもの未来社ホームページ（奥付）に掲載されています。子どもたちの教育のためにご活用ください。

上田勢子（うえだせいこ）

東京生まれ。慶應義塾大学文学部社会学科卒。1979年より米国カリフォルニア州在住。現在までに100冊以上の児童書と一般書の翻訳を手がける。最近の訳書に『レッド　あかくてあおいクレヨンのはなし』（子どもの未来社）、『わたしらしく、LGBTQ』全4巻、『わかって私のハンディキャップ』全6巻（共に大月書店）、『イラスト版　子どもの認知行動療法』全8巻、『見えない性的指向―アセクシュアルのすべて』（共に明石書店）などがある。二人の息子が巣立った家に、現在は夫と一匹のネコと暮らしている。

まえだたつひこ（前田達彦）

イラストレーター、さまざまなスタイルのイラストやマンガを手がける。「国連子どもの権利条約31条カレンダー」2019年、2020年版イラスト・編集を担当。中田音楽にパーカッションで参加。ガムラン奏者でもある。

協　力　　**高橋幸男**（税理士・高橋会計事務所）

デザイン　　松田志津子
編　集　　堀切リエ

達人になろう！　お金をかしこく使うワザ
お金のつくり方、貯め方、使い方、寄付のしかたについて

2020 年 1 月 6 日　第 1 刷印刷
2020 年 1 月 6 日　第 1 刷発行

訳　者　　上田勢子
発行者　　奥川 隆
発行所　　**子どもの未来社**

〒 113-0033 東京都文京区本郷 3-26-1-4F
TEL 03-3830-0027　FAX 03-3830-0028
E-mail：co-mirai@f8.dion.ne.jp
http://comirai.shop12.makeshop.jp/

振　替　　00150-1-553485
印刷・製本　　モリモト印刷株式会社